わたしの旅ブックス
056

ホーボー・インド

蔵前仁一

産業編集センター

装幀◆蔵前仁一
写真◆蔵前仁一＋小川京子

はじめに

二〇一〇年のベンガル、二〇一六年のラージャスターン、二〇一八、二〇一九年のジャールカンド、二〇二三年のラダック、そして二〇二四年の南インドと一四年間に行ったインド、バングラデシュへの旅を本書に収録した（掲載順は異なります）。

本書のタイトル『ホーボー・インド』とは、インドを方々《ホーボー》行きましたというほどの意味で、拙著『ゴーゴー・インド』に掛けただけである。英語の「hobo」（働きながら各地を渡り歩く労働者）という意味はまったくない（念を押すほどのことじゃないですが）。インドの旅行記を出すのは『わけいっても、わけいっても、インド』（旅行人、二〇〇九）以来で一五年ぶりのことになる。

一四年間でインドはいろいろなことが変化した。都会には地下鉄が開通し、インド各地を立派な高速道路が結ぶようになった。旅行者として最も大きいのは物価だ。二〇一〇年のインドでは一ルピーがおよそ一・九円だったが、二〇一二年には一・五円になった。それが二〇二四年には一・八円と一四年前のレートにほぼ戻っている。この間インドのインフレ率は四〜一〇%を記録しているので、食事やホテル代はけっこう上がった。二〇一〇年でもすでにルピーの下の貨幣単位であるパイサは使わなくなっていたが、チャーイが二〇ルピーといわれると驚く。物乞いも五ルピーだと怒る。最低一〇ルピー渡さないと納得しないようだ。

ホテルは昔の南京虫が出るような安宿ではなく、シャワーもトイレもエアコンも付いていて、シーツさえちゃんと取り替えてくれるような中級ホテルにアップグレードしたので、一泊一〇〇〇〜一五〇〇ルピー（一八〇〇〜二七〇〇円）もかかるようになった。おかげで非常に快適である。食事は、今回の南インドのミールス（定食）で、だいたい一〇〇〜二〇〇ルピー（一八〇〜三六〇円）あれば食べられる。田舎に行くと、いまだにたった三五ルピー（約六〇円）のミールスさえあるのに驚く。

いくら円が安くなったとか、インドの物価が上がったといっても、こんな料金で日本は旅できない。日本や欧米に比べればまだまだインドは安く旅ができるのだ。今のところは。

それからインドというとなぜか「治安が悪い」と考えている人が多いようだが、欧米諸国に比べてインドが特に治安が悪いということはない（ただし女性一人で旅することはお勧めしない)。料金の安い公共交通機関もインド各地のすみずみまで整備されているので、その点だけでいえば、ローカルバスの便数が少ない欧米や日本より旅行しやすいといえる。

そういうわけなので、この旅行記をお読みいただき、こんなところに行ってみたいなと思ったら(ここに出てこない他の場所でもいいんですけど)、インドへすばやく出かけて、旅行を楽しんでいただければと思う。

では、とりあえず、僕のインドの旅行記をお楽しみ下さい。

なお、文中の料金や価格表示、円換算表示は旅行当時のものです。

蔵前仁一

目次

南インドを食べ歩く 11

食べ歩くインドへ 12／バンガロールへ 14／大人気のウドゥピ・レストラン 15／ドンネ・ビリヤーニーを食する 20／ファルーダを探して 24／ウドゥピへ 27／マサラドーサ発祥のレストラン 30／クリシュナ寺院 33／タラセリ・ビリヤーニーを堪能する 38／コジコデの名店パラゴン・ホテル 43／ダウ船造船所 47／アイヤール・ブラーフミンのミールス 54／よくわからないチェティナードゥ料理 57／カライクディのチェティナードゥ・マンション 62／日本製マジョリカタイルを入手 65／ティルチラパッリのミールス 71／クンバコーナムの寺院見物 77／大都会チェンナイ 80／再びバンガロールへ 87／「食べ歩くインドツアー」終了 94

天空の国ラダックへ 99

初めてのラダックへ 100／高地の都市レー 103／ゴンパめぐり 106／二〇二三年ラダックへの旅 110／ヌブラ渓谷へ 117／ダー・ハヌー 123／天空の湖へ 128／旅が終わる 139

ミーナー画を探して 143

ミーナー画はどこにある？ 144／ミーナー画ってなに？ 149／豪商の邸宅街シェカワティ 152／紙幣廃止問題勃発 155／サワーイー・マードプルで壁画探し 159／銀行へ通う日々 164／ミーナー画を発見！ 167／騒々しい大都市ジャイプルへ 180／聖地プシュカルの休息 181／ジョードプルでも壁画探し 185／ジャイサルメールで沙漠の家を見る 187／ジャイサルメール大返し 193／再びミーナー画を探しに 197

ジャールカンドの奇跡の村 209

謎の州ジャールカンド 210／ハザリバーグへ 213／壁画はどこにある？ 215／壁画のある村へ 219／アンゴー村へ 223／壁画が描かれる理由 226／土地を追われる先住民 232／壁画の神話世界 234／ジャールカンド州から西ベンガル州へ 240／グムラへ 245／日本で先住民アートの展示会を開催 250／再びハザリバーグへ 254／大丈夫か、エア・インディア 259

二つのベンガルを旅する 265

混乱渦巻く大都市ダッカ 268／船舶解体所バティアリ 277／ロケットという名のスローボート 284／国境へのスロートレイン 287／西ベンガルの民俗画 292／ベンガルの先住民と工芸 295／ベンガルのテラコッタ寺院を見る 300／バングラ型寺院のテーマパーク 302／変わるコルカタ、変わらないカルカッタ 306／変化したサダル・ストリート 308／関西弁のインド人 311

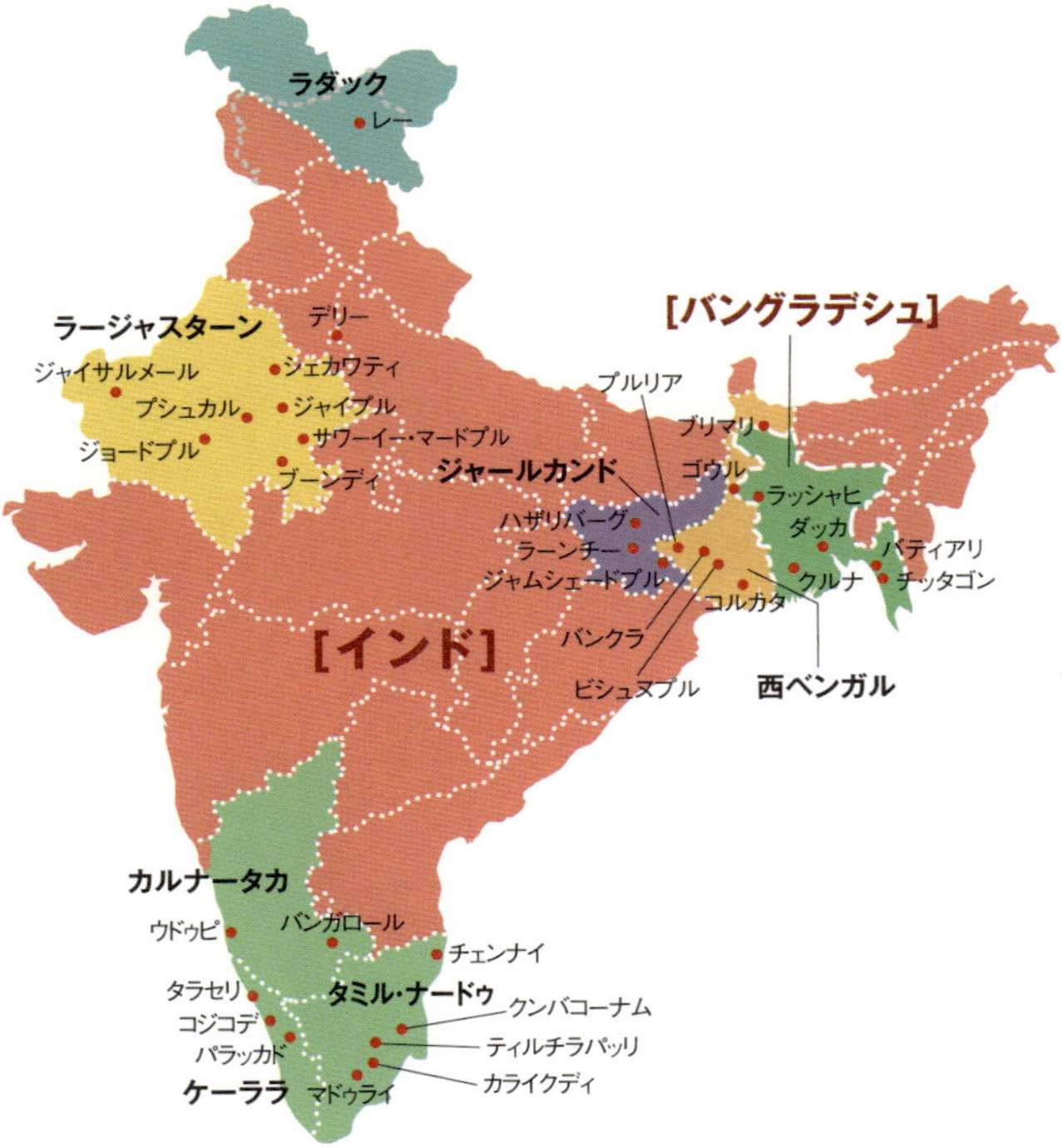
ラダック
レー
ラージャスターン
デリー
ジャイサルメール
シェカワティ
プシュカル
ジャイプル
ジョードプル
サワーイー・マードプル
ブーンディ
[バングラデシュ]
プルリア
ブリマリ
ジャールカンド
ゴウル
ラッシャヒ
ハザリバーグ
ダッカ
ラーンチー
バティアリ
ジャムシェードプル
クルナ
チッタゴン
コルカタ
バンクラ
[インド]
ビシュヌプル
西ベンガル
カルナータカ
ウドゥピ
バンガロール
チェンナイ
タラセリ
タミル・ナードゥ
クンバコーナム
コジコデ
ティルチラパッリ
パラッカド
カライクディ
ケーララ
マドゥライ

南インドを食べ歩く

食べ歩くインドへ

二〇二四年三月、一八年ぶりに南インドを旅することにした。この旅はいつもと違ったテーマがある。食の旅だ。南インドで現地の特色ある食事をすることをテーマにしたのだ。

実をいうと、僕は旅先の食事にはほとんど関心がない。安く、おいしく食べられればなんでもいい。ずっとそういう姿勢で旅をしてきたので、何度も旅をしたインドでも、食についてほとんど何も知らなかった。

それが食をテーマにインドへ行ってみようと思ったのは、『食べ歩くインド』という本を作ったことによる。この本は小林真樹《こばやしまさき》さんというインド食器販売業の方が二〇年以上インドに通って、インド全土の食を案内したものだ。それを僕が経営する出版社「旅行人《りょこうじん》」から刊行したのだ。自分で出しておいていうのもなんだが、この本は名著といってもいい。

(その後、旅行人が新刊の刊行と販売をやめたので『食べ歩くインド』は阿佐ヶ谷書院から増補改訂版として二〇二四年に刊行し直された)

北インドと南インドでは食文化が大きく異なる。北はチャパティを主食とする小麦文化で肉料理が多い。一方、南は米を主食とする米文化でベジタリアンが多い。僕はそういうイメージを持ってインドを旅していたが、『食べ歩くインド』を読むと、それは大幅にまちがっていた。例えば、南インドはベジタリアンが多いというのはまったくの間違いで、むしろ近年は北インドの方がベジタリアン比率は高いらしい。南インドのタミル・ナードゥ州は「知る人ぞ知るノンベジ大国である」という。広大なインドには、各地に独特の食文化があり、インドの食文化を北と南で大雑把《おおざっぱ》にわけることはできないということをこの本は教えてくれた。

今まで僕がインドで食べていた食事はいったい何だったのだろう。あらためて僕はそう考えた。いろいろなものを食べたことは食べたが、それらはいったいどういうものだったのか。本で紹介されている料理の一部は確かに僕も食べたことがあるはずだが、とにかくやたらとおいしそうな料理が数多く紹介されている。これは食べないわけにはいかないではないか。そういうわけで、『食べ歩くインド』（南・西編）を持って僕は南インドへ旅立ったのだ。まさか食をテーマに自分がインドを目指すことになろうとは考えてもみなかった。

本文中に「」付きで引用される文章は、他に断りのあるもの以外はすべて小林真樹さんの『食べ歩くインド』（南・西編）からの引用である。いちいち同じ引用元を書くのはわずらわしいので、あらかじめお断りさせていただく。

バンガロールへ

『食べ歩くインド』はインド全土の食文化を紹介したものだが、インド全土を一度に旅することはできないので、とりあえず南インドを目指すことにした。それは単純に南インドの料理が好きだからだ。

南インドとは主にカルナータカ州、ケーララ州、タミル・ナードゥ州、アーンドラ・プラデーシュ州を指すことが多いが、この地域のレストランで食べられる定食を「ミールス」と呼ぶ。バナナの葉にこんもりとご飯を盛り、野菜料理を混ぜて食べるミールスがこれまで食べたインド料理の中で最も好きだった。今回はぜひ認識を新たにしてミールスを食べてみたい。それでバンガロール（現ベンガルール）へ向かった。

バンガロールのケンペゴウダ国際空港に到着して、その立派なのに驚かされた。二〇二三年に運用を開始した新しい建物だそうで、ブランドショップが軒を連ねる港内は成田や羽田より立派かもしれない。

荷物を受け取ったあとスマホのSIMを買う。SIMを入れてたった五分でつながった。ずいぶん便利になったものだ。今やスマホがないとホテルの予約ができない、レストランが探せないなどスマホは旅には欠かせない道具で、ガイドブックより重要だ。オートリキシャでさえスマホの地図を見てホテルへの道を教えろといってくる。

建物を出るとサンドイッチなどのファストフード店が並んでいるが、価格は日本とほとんど同じか、ものによっては日本より高いのにまたまたびっくり。夜中に到着した僕と妻の小川京子は何も食べずに朝を待った。

大人気のウドゥピ・レストラン

朝六時に空港からバンガロール市街地へ向かうバスに乗る。市街地まで一時間と意外に遠い。料金は二五〇ルピー（四五〇円）だ。インドのバスにしては高めの料金である。見かけはオンボロバスだが、座席の下にコンセントがあり、スマホが充電できるのは今どきのバスなのだ。

日本で予約してあったホテルは、ちょっとだけ汚めのマジェスティック地区で、バンガ

ロール在住の人にいわせるとバンガロールでは治安が悪いほうだそうだが、だからといって特に問題はない。広くて清潔なダブルルームで一六〇〇ルピー（約二九〇〇円）はこんなものかと思ったが、あとでこの料金ならだいたいのホテルでエアコンがつくことが判明した。チェックインするには早すぎるので、荷物を預かってもらって近所のレストランに朝食を食べに行く。今回の旅は「食べ歩くインドツアー」だが、残念なことにホテルの近所に本で紹介されたレストランはなかったので、適当なところに入る。記念すべき第一軒目はウドゥピ・アティティヤ・レストラン。こぎれいなレストランで朝からけっこうな客が入っている。

これまでの僕なら店名などほとんど気にせず入っていたが、『食べ歩くインド』を読んだ今の僕は違う。店名に「ウドゥピ」という地名が入っていることが注目すべき点だ。『食べ歩くインド』によればウドゥピとは

（↑写真）バンガロール、マジェスティック地区の路地

プーリー（上）、オニオン・ウタパム（下左）、イドゥリ（下右）

ウドゥピ・アティティヤ・レストラン

「清浄なる料理＝ピュア・ベジタリアン店であることを客に知らしめる」地名だという。それが何故なのかはあとで説明するが、とりあえずウドゥピの名を冠したベジタリアン・レストランで朝食にオニオン・ウタパムとイドゥリとプーリーを食べる。

さすがだ。ウタパムもイドゥリも実にうまい。南インド料理は全インド的に人気があるので、北インドでもウタパムやイドゥリを出すところがあるが、それらとは比べものにならないおいしさで、さすが本場である。さらにプーリーまで食べて二人で二〇〇ルピー（三六〇円）。

朝食を終え、ホテルの近所を散歩する。すると今まで気がつかなかった光景が目に入った。レストランが二軒並んでいて、店名がニュー・ウドゥピ・グランドとラクシュミ・ボージャナーライだ。ウドゥピの名が入った店がここにもある。ボージャナーライは「食堂」という意味だという。店を見れば食堂であることぐらいわかるが、それが食堂だというのは本を読んで初めて知った。

ホテルにチェックインして、次はいよいよランチでミールスを食べに行く。もちろん『食べ歩くインド』で紹介されているウドゥピ・シュリ・クリシュナ・バーヴァンという店だ。ウドゥピの名を冠するピュア・ベジタリアン・レストランとしてはかなりの老舗であるらしい。クリシュナの名前まで入っている。

ウドゥピの名がつくレストランが人気があるのは、ただのベジタリアンではないピュア・ベジタリアンだからだ。その違いは、ベジタリアン料理がプラサード的であるかどうかによるという。

カルナータカ南部にあるウドゥピのクリシュナ寺院では、クリシュナ神に簡素な料理を捧げたあと衆生に下げわたされる。「ヒンドゥー教徒にとって最も清浄なる料理とは神様の食べ残しに他ならない」と『食べ歩くインド』に書かれているが、この神の食べ残しこそプラサードである。

ベジタリアンは野菜であれば何でも食べるが、クリシュナ信仰に基づくピュア・ベジタリアンは、たとえ野菜であってもニンニクと玉ねぎは食べないので（ジャイナ教徒と違い根菜類や生姜はOK）、クリシュナ神からのプラサードにはニンニクと玉ねぎは入らない。

そういう料理を売りにするのが、ウドゥピと名のつくレストランなのだが、その中でも本格的なのがこのウドゥピ・シュリ・クリシュナ・バーヴァンである。店に入ってメニューを見ると、スペシャル・ミールスの品数はなんと二〇品目もある。食べきれるかどうかなどと迷うことなく注文する。

出てきたものはまさに贅沢《ぜいたく》なプラサード的おかずの品々。それらは豪華というよりシンプルだが華やかさがあった。味は非常に上品で、神様に食べてもらうのに下品なものは作りませんという感じである。二〇品目もあったがなんとか完食した。

ドンネ・ビリヤーニーを食する

食事のあと、マジェスティック地区をぶらぶら歩いていたら、いかにも古そうなレンガ造りの建物があった。写真を撮っていると、そばにいた人が

「植民地時代のビルだ。中に入って見てもいいよ」

というので入らせてもらった。倉庫として使われているようだ。梁に「1909年モハンビルディング」と刻まれていた。一一五年も前のものだが、だからといって大切に使われているわけでもなさそうだ。

インドでは古い建物が珍しくないせいか、この程度の古い建物には極めて無頓着だ。か

ウドゥピ・シュリ・クリシュナ・バーヴァンのスペシャル・ミールス

ウドゥピ・シュリ・クリシュナ・バーヴァン

20種類の品目を記したメニュー

ラクシュミ・ボージャナーライとニュー・ウドゥピ・グランド

っては王族が使っていそうな宮殿に、普通の人が住み着いてボロボロになっているのをよく見かけるし、今度もチェンナイで、立派な塔まであるレンガ造りの古い大邸宅が廃墟のまま放置されていた。改修には膨大な費用がかかるから無理なのかもしれないが、いかにももったいないと思う。

さて、翌日になって、友人の武田尋善《たけだひろよし》くんとバンガロールのレストランで落ち合うことになった。武田くんは「マサラワーラー」というインド料理ケータリング二人組ユニットをやっている。彼の本業は画家だが、マサラワーラーの作るインド料理は大人気だ。その武田くんと、たまたま旅行が重なったので、いっしょに食事をすることにした。

そのレストランはSG・ラーオ・ミリタリー・ホテル

モハンビルディング

という。ミリタリー・ホテルと聞いて、これがレストランであるとわかる人は少ないだろう。僕もそうだった。これまでのインドの旅でこのレストラン名を見た記憶はまったくないが、『食べ歩くインド』によれば、南インド全般でノンベジ・レストランをミリタリー・ホテルと呼ぶらしい。なかでも「特に濃厚な肉料理を出す老舗が多い」そうだ。新しい店でもはやミリタリー・ホテルという名前を付ける店はないから、必然的に今あるミリタリー・ホテルは老舗になるらしいが。バンガロール在住の方に聞くと、ミリタリー・ホテルの客は肉体労働者が多いらしい。まあ、力仕事してれば肉が食べたくなるでしょう。

この店の売りはドンネ・ビリヤーニだ。ドンネとは深皿という意味で、帽子をひっくり返したような形をしたビンロウジュの葉っぱの皿に、ビリヤーニが盛られているのがバンガロール名物となっているらしい。これを食べにSG・ラーオ・ミリタリー・ホテルへ行った。

だが、実はここではビリヤーニではなくプラーオと呼ばれており、出てきた葉っぱの皿はマールーと呼ばれる平べったい使い捨ての葉皿でドンネでもなかった。

そのプラーオ、めちゃくちゃ量が多い。ご飯茶碗で七杯ぐらいはありそうだ。僕はようやく七割ほど食べ、小川京子は半分も食べられなかったが、武田くんは見事に完食した。さすが料理人だ。このビリヤーニ（プラーオ）に使用される米はシーラガサンバ米で、濃い赤黄色に仕上がっている。全体的に甘い風味でうまい。一〇歳若かったら完食できたんだが残念！

ファルーダを探して

「蔵前さん、ファルーダ食べました？」

食後に武田くんがいう。

「いや、まだ食べてないよ」

「ここらへんにファルーダの店があるみたいなんですよ。食べに行きませんか？」

「行きましょう！」

ファルーダとは、簡単にいえばインド風パフェだ。たかがパフェを中高年一行が探してまで食べるようなものなのかと思う読者もいるかもしれない。僕だって日本でパフェを探して食べるようなことはしないが、このファルーダはもともとペルシアから伝来したスイ

マールーに盛り付けられたSG・ラーオ・ミリタリー・ホテルのプラーオ（ドンネ・ビリヤーニー）

甘い甘いファルーダ

SG・ラーオ・ミリタリー・ホテル

ーツで、今でもイランで食されているらしい。そんなものがインドにあったなんてぜんぜん知らなかった（イランにあったことも知らなかったが）。日本のパフェと異なる点は、なかに麺が入っているところだ。そもそもファルーダとは麺状にした冷菓だという。

パフェに麺！　なんという取り合わせか。とにかくそれがどんな味がするのか、食べてみないわけにはいかないではないか。

辺りを探しまわったら、ファルーダの絵が描かれた屋台があった。

「おお、これはファルーダの屋台だ！」

僕はこのとき初めてファルーダがインドに存在することを実際に認識した。本当にあったんだなあ。だが、屋台は営業していなかった。

それからしばらく探したがみつからず、もうあきらめて

ファルーダの屋台

泊まっているホテルに帰り着いたとき、ホテルの横の小さな店にファルーダと書いてあった。

「何だ、ここにファルーダあるって！」

まったく灯台もと暗しとはこのことだ。

それで注文して食べた。丈の長いガラスのカップに入ったパフェそのものだ。アイスクリームがいちばん上に載って、あとはよくわからないがとにかく甘いクリームやナッツなどがぎっしり詰まっていた。細く短い麵もしっかり入っていた。つるつるした歯触りはあったが、その他のものが甘すぎて味はわからなかった。

ウドゥピへ

バンガロールから次の目的地はウドゥピだ。前述したように、ウドゥピはピュア・ベジタリアンの代名詞のようなところなので、ぜひここで本場のピュア・ベジタリアン・ミールスを堪能しなくてはならない。武田くんはひとあし先にバンガロールを出発した。彼は偶然われわれと同じようなルートを超特急で駆け抜けて日本へ帰国した。

ウドゥピまでおよそ四〇〇キロ。バスで九時間といわれた。乗る予定のバスはこちらではガバメントバスと呼ばれる公共バスで、エアコンがなく料金が最も安い乗り物だ。七四五ルピー（一三四一円）。安いから乗ったわけではなく、これだと予約しないでバススタンドで気軽に乗れるからだが、これが大失敗だった。

最近のインドの道路はかなり整備されている。一九八〇年代からインドを旅している僕には、インドの道路が日本の高速道路と遜色ない道路になるとは想像すらできなかったが、日本の八倍もの広さを持つインドが全土に高規格道路を整備するのは日本よりすごいことかもしれない。だから、現在のインドのバスや車による移動は昔と違って早くてスムーズになっている、はずだった。

だが、実際にはそう甘くはなかった。バンガロール〜ウドゥピ間の高速道路はまだ半分もできていなかったが、高速道路を走っているときは確かに早くスムーズだ。オンボロのガバメントバスでも時速一〇〇キロ近いスピードでがんがん飛ばす。だが、一般道に入ると昔と同じ速度に落ちる。そのうえドライバーの休憩もやたらに多い。ランチタイムになると三〇分ぐらいは停車する。だから、九時間の予定が結局一〇時間かかった。

四〇〇キロを一〇時間だから平均時速四〇キロということになる。これはガバメントバスとしては画期的に速くなったといえるだろう。かつて僕は二〇〇キロの道のりを八時間かかったことがある。平均時速二五キロだ。歩くよりは速いが、マラソン選手とほぼ同じだ。それが車の速度になったのだから大きな進歩だ。高速道路がすべて完成すれば、さらに平均時速は上がり、六〜七時間に短縮されるのではないだろうか。

問題は車の速度ではなく暑さだった。バンガロールは標高が一〇〇〇メートル近くあるので比較的涼しいが、下界へ降りると日中は四〇度を超える猛暑である。エアコンのないバスがたびたび停車すると、車内が異様に暑くなり、僕は熱中症になってしまった。ウドゥピにたどり着いたときはよれよれで、倒れ込むように

ガバメントバスなのにちょっとリクライニングがきくがエアコンはなし。ウドゥピへ10時間の旅は暑く長かった

ホテルのベッドに横たわった。

熱中症に効く薬はない。水分と塩分を補給し、涼しいところで休むしかない。これまで何度も暑いインドでエアコンのないバスに何時間も乗って旅をしてきたが、熱中症になったことなどなかった。年月がたったことをつくづく感じさせられた。

マサラドーサ発祥のレストラン

ウドゥピに来たらまずウッドランド・レストランに行くと決めていた。まだ熱中症で体調は悪かったが、回復するためには食事が重要だ。だからすぐにこのレストランに来た。

実はこのレストランこそ、全世界に知れ渡った南インドの軽食マサラドーサを考案したクリシュナ・ラオ氏が経営していた店なのだ。正確にいうと、ラオ氏がマサラドーサを考案したのは英領時代のマドラス（現チェンナイ）にあった店ニュー・ウッドランドでのことだったらしい。

だが、ウドゥピはラオ氏の出身地であり、ウドゥピ店はマドラス本店の支店でありながら「ニュー」が付かないウッドランド・レストランである。ここにラオ氏の深い配慮が込められていると感じるのはたぶん僕だけだろう。

ウッドランド・レストランの元の建物は改修中で、仮店舗で営業中だった。なんとなくがらんと広い店内では、従業員が丁寧に応対してくれる。高級レストランではないが安食堂というイメージではない。もちろん注文したのはマサラドーサだ。米粉でつくるニールドーサも頼んだ。

食べてみた。味はまあどこにでもあるマサラドーサと大きな違いはなかった。『食べ歩くインド』には「付け合わせのサンバルは赤く色づけされ、ジャガリー由来の若干の甘みを感じさせるカルナータカ特有の味」と書かれている。サンバルが赤いのは見てわかるものの、カルナータカ特有の味はさっぱりわからない。言い訳すると、熱中症で味の感覚がちょっとおかしくなっており、それより問題だったのは、『食べ歩くインド』の著者小林さんも感心するぐらい大食らいの僕が、従来の半分ほどしか食べられないことだった。従来の半分でもマサラドーサぐらいなら簡単に食べられるので、健康のためにはそれで十分だが、それ以上食べられないと、「食べ歩くインドツアー」を思うように楽しめないではないか。熱中症早く回復してくれ！

ウッドランドの元祖マサラドーサ（左）と白いニールドーサ（右）

ウッドランドではミールスも食べたが、なかなかおいしかった

工事中だったウッドランド・レストラン

クリシュナ寺院

ウドゥピは海外から観光客がやってくるような観光地ではないが、インド人にはクリシュナ寺院で有名なところで、けっこうたくさんの巡礼客がやってくる。ここでは巡礼者や参拝客にプラサーダム（食事）が無料で供されるが、この慣例こそ「ヒンドゥー教の伝統教義に基づく菜食料理としてのウドゥピ料理の名を広く知らしめることとなった」という。神様に捧げた食べ物を、神様の食べ残しとして食べる料理をプラサードというと書いたが、まさにその慣習はここからきているのだ。インド人がウドゥピ料理を単なるベジタリアンではなくピュア・ベジタリアンとして区別するのも、それがありがたいプラサード料理だからなのである。

ウドゥピのクリシュナ寺院では独特の丸い形をした山車とともに、クリシュナ神の従者とされる人形が練り歩くという。その人形は寺院の入り口に無造作に置かれていた。

一見するとカルナータカの田舎町にしか見えないウドゥピだが、それだけにのんびりしていて居心地はいい。われわれのような外国人観光客に対して市民はきわめて親切で、北インドの観光地にあるような喧噪《けんそう》もなければ、いちいち料金を値切ったりしなければならない軋轢《あつれき》とも無縁だ。なにしろオートリキシャにいっさい交渉なしで乗れるのだから、こんな楽なことはない。観光客がこないというのはこんなにいいことなのか、あるいはウドゥピ市民があくまで善良なのか。

さて、ウドゥピに来たのはピュア・ベジタリアン・ミールスを食べるためでもあったが、なかなかいい店が見つからない。それでもう一度『食べ歩くインド』を読んでみたら、次のように書かれていた。

「一九二三年にウドゥピを大洪水が襲い、それによって寺院調理人や厨房労働者が大都市へと向かい、やがて独立していった」

このためウドゥピの名を冠した店がインド中に広がっていき、今やウドゥピ料理の代表的なレストランはバンガロールなど他の都市に拡散しているらしい。

いやはやこれはうかつだった。しょうがないので、ホテルの近所にある安食堂でベジ・ミールスを食べた。ウドゥピにあるベジ・ミールスがみんなピ

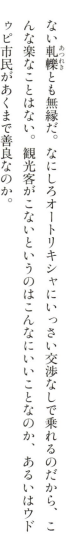

ウドゥピのクリシュナ寺院

いささかわびしいジョラダ・ローティのミールスと、それを食べたレストランも場末感が否めない

ュア・ベジタリアン・ミールスというわけではなく、九〇ルピー（一六〇円）の、値段の割にはささやかなミールだったが、一応北カルナータカスタイルのジョラダ・ローティだ。ジョラダ・ローティとはモロコシ（コーリャン）で作られたチャパティで、食感は小麦粉のチャパティより固くて荒々しい。いつもならなんかまずいチャパティだなと思うだけだが、今回は食がテーマなので、北カルナータカ料理の独特のチャパティを食べられたことをよしとする。

インド人にとってウドゥピのイメージとはどういうものなのか、以下は小林さんが僕に語ってくれたことだが、ヒンドゥー寺院の中でもクリシュナを祀った寺院は、その信仰の仕方がまるで人間に対して愛情を注ぐような形をとることが特徴であるという。例えばカーリー女神だと山羊を屠《ほふ》って生き血を捧げる。ガネーシャ神やハヌマーン神の寺では単に菓子の供物を捧げるだけだが、クリシュナ神の場合、人間が食べるような一般的な菜食料理が捧げられる（それだけでなく起床、昼寝、就寝など、まるで生きているかのように儀礼する）。
供えられたあとプラサードとなるこれら供物は、大きな寺では基本的に寺院内の厨房で僧侶たちによって日々作られていて、これが「クリシュナ寺院の僧侶＝ヒンドゥー教徒にとっての最上の料理を作る料理人」というある種のブランドが形作られる要因となっている。小林さんは、実際に寺院の元僧侶という経歴を持つケータリング業者をオリッサで見たことがあるそうだが、発注する人たちにとって「もともとクリシュナのご飯を作っていた人たち」という安心感があるのだそうだ。

つまり、敬虔《けいけん》なヒンドゥー教徒にとって外食とは、どこの誰が作ったか分からない得体の知れないものを食べるという不安な行為となるが、「ウドゥピ」ブランドの料理なら由緒ある料理というイメージになり、インド各地で（実際に店主の出自が無関係であっても）店名に冠せられるようになったという。

確かにカーストの高い敬虔なインド人ほど、そこらへんのレストランで気軽に食事をしないようだ。僕も「自分はハイカーストだ」と自称する若者と知り合って一緒に食事をしようとしたことがあるが、いつも利用している地元で人気の安食堂を案内したら「ここは汚いからいやだ」と断られたことがある。ハイカースト者にとっては食べられない食事だったのか、ほんとに汚いからいやだったのかはわからないが。

タラセリ・ビリヤーニーを堪能する

次の目的地はタラセリだ。ここからケーララ州に入る。タラセリは観光地ではなく、特に有名な見どころもないので、レストランで食べることが唯一の目的だ。とはいえ、そういうところでも行ってみれば何かおもしろいものがあったりするのがインドのいいところだ。

ウドゥピからタラセリは距離にしておよそ二一〇キロ。バスだと五〜六時間だろう。もう熱中症にかかるのはいやなので、ガバメントバスをやめて私営バスのエアコン付きにした。バンガロール〜ウドゥピの半分の距離で料金はその倍の一四七〇ルピー（二六四六円）。夕方五時半に出発する寝台バスで、寝ていけるのは快適でいいが、タラセリ到着が夜一一時を過ぎていた。

タラセリはマラバール地方の小さな町で、人口は一〇万人に満たない。マラバール地方を代表する料理がマラバール・ビリヤーニーといわれ、そのなかでも特にここのビリヤーニーはタラセリ・ビリヤーニーとして名をはせる。その名店の筆頭と『食べ歩くインド』が絶賛する店があるのだ。そこを含めて二軒のレストランでタラセリ・ビリヤーニーを味わうことにする。

まず一軒目はビリヤーニー・レストランの老舗パリス・レストラン。いかにも老舗風の古めかしい建物、木製の会計カウンターは雰囲気抜群で、内装の素っ気なさがまたいい。

ここではマトン・ビリヤーニーとチキン・ビリヤーニーを食べる。こちらで使われるのはインドでよく見る長粒米のバスマティー米ではなく、カイマ米という短粒米だ。マラバール・ビリヤーニーは盛りつけ方が独特で、皿いっぱいに盛る。なので皿にはスプーンを置く余裕がなく、盛られたビリヤーニーに突き刺す。日本では不吉なマナーだが、それがマラバールの作法である。

それはともかく、いやいや実にうまい。小林さんや武田くんからマラバール・ビリヤーニーはうまいですよといわれていたが、これまでインドで食べたもののなかでは最高だった。ビリヤーニーには味付けされているが、それをマトンやチキンとともに食べ、ヨーグルト風味のライタを混ぜ、塩辛いチャトニで食べる。そのたびに変わる風味を楽しめる。

それなのに、ハーフサイズで注文したにもかかわらず、どちらも食べきれなかったのが悔やまれる。まだ私の胃は熱中症による不調から完全に回復していなかった。

パリス・レストランの外観、カウンター、そして皿一杯に盛り付けられたビリヤーニー

食後にちょっと散歩しようと町を歩き、要塞跡や海岸などを見たが、とにかく暑くてどうしようもない。これ以上歩きまわるとまた熱中症になりそうなので木陰で休んでいると、地元の中年男が流暢《りゅうちょう》な英語で話しかけてきた。

「中国人か？　韓国人か？　日本人か？」

「日本人です」

「おお、日本人か、私の家族が東京に住んでるよ」

「おお、そうですか」（こういう人は特に珍しくない）

「なんでこんな暑い時期に来たんだ。今は山のほうが涼しくていいぞ。山の景色もいいし」

う〜ん、そういわれても、ここしか時間が取れなかったのでしょうがない。

それから男は聞いてもいないのに、自分の家族の話、仕事の話、将来の自分の人生の展望について延々と話し始めた。なぜ初めて会ったばかりの外国人にそういうことを延々と話すのかわからないが、とにかく話したいらしく、僕が話を中断しても止まることはなかった。そして、だいたい三〇分ほど話したところで、男は「それじゃ」といって去っていった。暑いのと長いのとで、彼がしゃべったことはほとんど覚えていない。

さて、次は「マラバール・ビリヤーニー名店の筆頭」のララ・アヴィスだ。ここでもマトンとチキンのビリヤーニーを注文する。

うまい。まことにうまい。パリス・レストランと甲乙付けがたいが、価格はこっちの方がちょっと安い。

ララ・アヴィスがマラバール・ビリヤーニーの名店であることは、もちろんこちらでは有名で、同じ名前の支店が近隣の町にある。ララ・アヴィスのカウンターで料金を支払いながら、支店が何軒もあって繁盛してますねというと、

「いや、うちには支店はない。他の同じ名前の店は偽物なんだ。今、裁判で争っている最中なんだ」

あらら、ずいぶん面倒なことになってるのね。お気の毒です。こちらは二つの名店でうまいビリヤーニーが食べられて幸せだった。

コジコデの名店パラゴン・ホテル

「食べ歩くインドツアー」は続く。次はコジコデだ。タラセリからわずか七〇キロ南なのでバスでもすぐだが、あいにくエアコンバスが確保できず、列車のエアコンクラスで行くことにした。これまでの旅行と比べるとずいぶん贅沢な旅だが、下手にがんばるとかえってあとが大変なのだ。贅沢といってもわずか七〇キロ、一時間の列車料金なので五九〇ルピー（一〇六四円）とそれほど高額にならないのがインドのいいところだ。エアコンが効きすぎて風邪を引くところだった。

コジコデは以前はカリカットと呼ばれていて、今でもそう呼んでいる人は多い。タラセリと比べると大都会だ。マラバール地方の中心都市である。ここのお目当てのレストランは、「まず目指すべきレストラン」

コジコデの名店パラゴン・ホテル

というパラゴン・ホテル。いうまでもないだろうが、コルカタにある汚い安宿とは何の関係もない。

オートリキシャに「パラゴン」というだけで何の迷いもなく連れてきてくれるコジコデの有名レストランだが、来てみてびっくり。店内がものすごく多くの人であふれかえっている。ぎっしり満員の席の横に、次を待っている人が立って見ているのだ。食べ終わった人の席を即座に確保するためだろうが、これじゃ落ち着いて食べることはできない。

いくらなんでもこれは無理だとあきらめかけたところに、店員が「あなた方はあちらへ行って下さい」と別の扉を指さす。そこはエアコンルームだった。ノンエアコン区域にごった返す人々をかきわけて、エアコンルームの扉を開けると、そこは冷気に満ち、順番待ちの人はほんの数人。まったくの別世界だ。五分待っただけでテーブルに案内してくれた。

パラゴン・ホテルは「一九三九年創業のマラバールを代表する老舗」であり、「ドバイにまで支店を出すマラバール料理チェーンである」そうだ。看板メニューはマラバール・ビリヤーニーだが、このときは猛烈にミールスが食べたかったので、魚のミールスを注文した。ミールスにしては二〇〇ルピー（三六〇円）とちょっと高めだが、運ばれてきたミールスを見てびっくり。なんと八種類のおかずが載っていて、そのうえ別皿の魚もチャトニーなど数種類のおかずに囲まれている。なんたる豪華さ！

味も最高だった。もうコジコデでは他の店はどうでもいいから、滞在中は毎食ここでい い。あんなに多くの人が押し寄せるのがよくわかる。ここはこの「食べ歩くインドツアー」の白眉といっていいだろう。

帰り際に、ノンエアコン区域の写真を撮る際に壁に貼ってあるメニューを見たら、なんとミールス三〇ルピー（五四円）とあるではないか！　今でもこんな安いミールスがあるのか。しかも名店と呼ばれ、海外に支店まであるレストランの本店に。できればこのミールスを食べてみたかったが、押し寄せた人の多さには太刀打ちできそうもない。

次の日に再び訪れ、今度は看板メニューのチキンとマトンのマラバール・ビリヤーニーを食べた。さすがにうまい。タラセリで、パリス・レストランとララ・アヴィスのビリヤーニーは最高だったと書いたが、この二店に並ぶ味だった。ただ残念だったのは、タラセリのように皿いっぱいぎりぎりに盛り付けしてスプーンを刺すというスタイルではなかったことだが、まあ普通の盛り方でも文句はない。

パラゴン・ホテルには多くの客が押し寄せて、席が空くのを立って待っている

パラゴン・ホテルの魚のミールス。
絶品だった

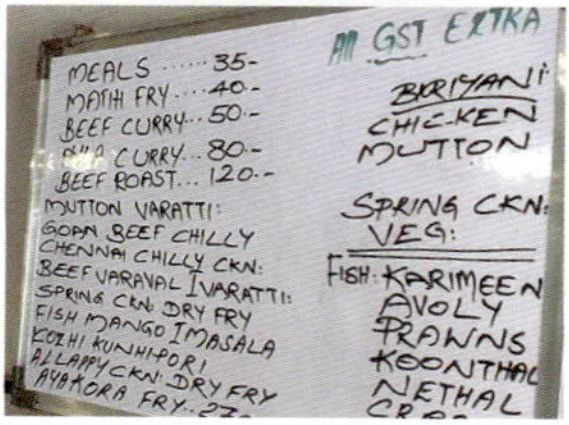

ボードに書かれたメニューのいちばん上に35ルピー（54円）のミールスがある。ノンベジ料理でさえ安い

ダウ船造船所

コジコデにはもう一つ訪れたい場所があった。この近郊にダウ船の造船所があるらしい。旅行に出る前に、グーグルマップでこのあたりに何かおもしろそうなものはないかチェックしていたときにたまたまそれを発見した。

ダウ船とはアラビア海やインド洋で運用された伝統的な帆船のことだが、僕が二〇〇八年にグジャラート州を訪れたとき、まだダウ船が造られていた。もちろん現代のダウ船は帆だけでなくエンジンもついているが、それにしてもまだ伝統的な工法でダウ船が造られ続けていることに驚いたものだ。

ダウ船は小回りが利き、水深の浅い小さな港でも低料金で物資を運んでくれるので、意外に現代でも重宝されているという話を以前読んだことがあったが、はたしてマラバールでも本当にまだダウ船が造られているのか。

グーグルマップで発見した場所は、コジコデから南へおよそ一一キロのベイポールという港だった。だが、造船所はそのすぐそばの小さな島にある。オートリキシャで港まで行き、渡し船で川を渡る。渡った先からわずか二〇〇メートルほど先の島に造船所はあった。

だが、そこへ行く渡し船はない。造船所しかないからその関係者しか島には行かないので、公共の船はないのだ。

さて、どうしたものか。周りを見ると漁船やらボートがたくさん係留してあるので、誰かに頼めばボートで島まで乗せてくれるかもしれない。だがいったい誰に？

そう思いながらうろうろしていたら、バイクで通りがかった男が「どうした？」と声をかけてくれた。これだからインドは助かるんだよ。

「あの島にあるダウ船の造船所を見に行きたいんですけど、船はないですかねえ」

「船？　あそこへ行く船はないなあ。ちょっと待ってろ」

男はそういって、誰かに船はないかと聞きにいってくれたようだが、戻ってきて、「それじゃ来い」といって、そばにつないであるボートを押し始めた。どうやらそれでこの男が連れていってくれるらしい。

「あの島へ行って帰ってくる。五〇〇ルピー（九〇〇円）だが、それでいいか？」

もちろんだ。エンジン付きのボートを船員付きで数時間動かしてもらうのだから大助かりである。

船を出すと島へはすぐに着く。問題は造船所を見学させてもらえるかどうかだが、ここは旅行者に親切な人ばかりだから、きっと見せてくれるだろうと思っていたら、やっぱり諸手を挙げて歓迎してくれた。迎えてくれたのは造船所の社長とおぼしき中年男性だった。

「ようこそ、ようこそ」

「船を造るところを拝見してよろしいでしょうか」

「もちろんですよ。どうやってここを知りました?」

「グーグルマップで探し当てました」

「おお、それはそれは」

ここはそれほど大きな造船所ではない。長さ三〇メートルほどのダウ船が一艘造られているだけだ。だが、緩やかな曲線を描いた巨大な木の塊には圧倒される。

「ここで造られているダウ船は中東との貿易に使われているんですか?」

「いや、それはもうありません。ここの船は中東の王族が注文したものです。彼らが趣味で使うんです」

なんと、ダウ船をプレジャーボートにするのか。さすが、中東の金持ちはやることがす

小さな造船所だが、現在でも手間と時間をかけてほとんど手造りでダウ船が製造されている。インドではこうやってダウ船を造る技術が継承されている

ごい。

かつてダウ船はグジャラート州やこのケーララ州から中東に向けて出港していった。古くは二世紀ごろから、木材、香辛料などをアラビアへ運んでいったのだ。

ダウ船はもちろんすべてが手作りだ。目の前にあるダウ船に五、六人の船大工が張り付いて作業をしてる。以前グジャラートで見たダウ船はこの倍ぐらいあったが、王族のプレジャーボートだったらこれで十分だろう。

「あなた方はラッキーですよ。この船はあと数日後には進水して、この姿では見られなくなるんです。いいタイミングでした」

これを造るのに一年二か月かかるという。さすがにおいくらですかとは聞けなかった。

このように船を手造りしているのはここだけではない。インドでは今も漁船などがこのように木を組み板を張って人の手だけで製造され続けている。

それにしてもケーララと中東の結び付きが歴史的にも経済的にも強いことを実感する。一九七〇~八〇年代のケーララは、インド全体で下から数えた方が早いような貧乏州だった。それが出稼ぎ労働者がどんどん中東諸国へ行くようになって、ケーララがインドでも有数の豊かな州になったのは中東への出稼ぎで稼いだおかげだといわれている。二〇一九年には一人あたりのGDPはインド全体の九位となっている。

ケーララの椰子の木が美しい街並みは変わりないが、新しく巨大で派手派手しいサリー屋と貴金属屋が、ケーララのあちこちの街にどーんと建っているのだ。どうやら中東からの仕送りは、サリーと貴金属にもだいぶ費やされているようである。

ケーララに限らず、インド全体が経済成長しているのはご存知の通りだが、それは消費が増えているということだ。豊かになるのはいいことだと思うが、消費が増加するとゴミが増える。インド人はゴミをポイポイ投げ捨てる習慣があるので、今や道路脇のゴミは凄まじい量になっている。

二〇一四年、モディ首相は「クリーン・インディア・ミッション」キャンペーンを実施し、ゴミはゴミ箱へ捨てようと壁画などで啓蒙しているが、旅行者から見てもあらゆるところがゴミだらけ、町を流れる川はゴミが浮かぶ腐敗したドブである。政府だけでなく市民がみんな本気にならないとインドはゴミで埋め尽くされてしまうだろう。せっかく公共トイレも作られつつあるのだから、いいかげん立ち小便もやめてくれないものかねえ。

アイヤール・ブラーフミンのミールス

次の目的地はパラッカドである。コジコデからパラッカドはおよそ一三〇キロなので、バスで四時間ぐらいだろう。

パラッカドへ行く目的は、もちろん料理が目的だが、とりわけ『食べ歩くインド』のこの文章に強く惹かれたからだ。

「北インドのムスリム支配層からの迫害を逃れて一四世紀から一八世紀にかけてタミルからケーララに移住したアイヤール・ブラーフミンの末裔が今でも居住し、彼らの経営する店が多い」

日本でいえば源氏の追っ手から免れた平家一族の末裔が、どこかの田舎で平家料理レストランを営業しているようなものではないか。歴史のロマンがある料理だ。そのアイヤール・ブラーフミンの料理をぜひ食べてみたい！

旅行代理店でパラッカド行きのバスを予約したら、代理店の若者が、なんでパラッカドに行くんだと聞いてきた。アイヤール・ブラーフミンの料理を食べたいからだというと、

「なんだ、おまえはユーチューバーなのか？」

田舎町にわざわざ料理を食べにいくと、インドではユーチューバー扱いされるのか？

パラッカドは人口およそ一三万のケーララ州の小さな町だ。バスで町外れにあるバススタンドで下ろされ、オートリキシャで予約したホテルに到着した。こういう観光客がほとんどいないような町でも、きちんとした中級ホテルが一四五〇ルピー（二六〇〇円）程度で泊まれるのはありがたい。

翌日、さっそくアイヤール・ブラーフミンの店の代表格ホテル・シュリ・ハリハラ・プトゥラに行ってみた。看板にはしっかりブラーフミンの店であることが銘記され、ブラーフミンがイラストでいらっしゃいませと手招きしている。給仕するのはほんとにブラーフミンだ。

お目当てのミールスは三種類のおかずにチャトニー、パヤサムなどが付いて一一〇ルピー（二〇〇円）とぜんぜん高くない普通の庶民価格だ。特筆すべきほどうまいわけではないが、安定したミールスの味である。小林さんほどの通になると、タミル・ブラーフミン料理と、そこに取り入れられたケーララ的食文化のフュージョン具合を楽しめるようだが、僕にはさっぱりわからなかった。だが、南インドで地元の人気店で、だいたい一〇〇ルピ

ホテル・シュリ・ハリハラ・プトゥラのミールスと、店の看板。ブラーフミンの店であることをしっかりアピールしている

パラッカドの街角

ー前後のミールスだと外れることは滅多にない。残念なのはどこでもおかわりをばんばんしてくれるのに、若いときほど食べられないということだけだ。ほんとに残念。

よくわからないチェティナードゥ料理

ケーララ州のパラッカドに別れを告げ、次はいよいよタミル・ナードゥ州に入る。むかし来たことがあるマドゥライだ。ここは南インド屈指の観光地であり都会なので、ひさしぶりに外国人観光客の姿もちらほら見える。有名なミナークシ寺院は前に行ったことがあるのでパス。目的はチェティナードゥ料理を食べることだ。

いうまでもないが、これまで僕はチェティナードゥ料理などまったく知らなかった。それがどのような料理であるか詳細は『食べ歩くインド』をぜひお読みいただきたいと思うが、簡単にいうとチェティアールと呼ばれる金持ちの商人たちが作らせた贅沢な饗宴料理のことだ。

街を歩いてレストランの看板を見ると、けっこうあちこちにチェティナードゥ料理を売りにしている店があることに驚く。いつからチェティナードゥ料理がこのあたりで流行ったのかまったくわからないが、タミル・ナードゥ州ではかなりポピュラーな料理のようだ。

だが『食べ歩くインド』によれば、当時のチェティナードゥ料理を現代のレストランで食べられるわけではないという。

「バンガラ（チェティナード商人の大邸宅）内で食べられていた饗宴料理こそが純粋な意味でのチェティナードゥ料理であり、現在流通している外食ジャンルとしてのチェティナードゥ料理は、かつての贅沢な料理のイメージを定型化・デフォルメしたものである」

そりゃまあ大富豪の饗宴料理がそこらへんの庶民用レストランで出てくるわけがない。だからこちらもすごい料理を期待はしない。まず行ったのがチェティナードゥ・メス。「店主は無愛想だが補って余りあるミールスを堪能できる」そうだが、店主の顔は見なかった。小さな路地を入って、飾り気のない立て看板がある入り口から中へ入るとテーブルはたった四つしかない。これがパラゴンのような人気店だったら一日中待っても食べられないが、幸いにもテーブルは空いていた。

ノンベジ・ミールス二〇〇ルピー（三六〇円）にチキン一〇〇ルピー（一八〇円）をプラスしてわしわし食う。このところずっとベジ・ミールスばかりだったので肉の味を堪能した。

チェティナードゥ・メスのベジ・ミールス＋チキン

たった4つしかテーブルがないので、
しばらくすると満員になった

街角のこの看板を見過ごすとたどり着けない

うまかったのでもっと食べたかったが、まだ胃がこれ以上受け付けない。なんと残念なことか！

二軒目のジャナキーラムもマドゥライで有名店のようで、オートリキシャに店名を告げるとすぐに連れていってくれた。ここではエアコンルームに案内され、ノンベジ・ミールスが三〇〇ルピー（五四〇円）。こうなるともう格安の食事とはいえないが、味は文句の付けようがない。

結局のところ、こういう庶民用のレストランのチェティナードゥ料理は、チキンやマトンのノンベジ・ミールスだというだけで、何がチェティナードゥ料理独特のものかはぜんぜんわからなかった。だが、それでもうまかったので文句はありません。

ところで、このころ僕はまだ熱中症から完全には回復しておらず、おかわり自由のミールスもおかわりができなくて非常に悔しい思いをしていた。日中はどこも四〇度を超す猛暑で、用心して外を歩かないと、また熱中症にやられそうだった。

実は小川京子も足を痛めて歩くのに支障を来していた。インドに来る前から膝に問題があったものの、旅ができないほどではなかったのだが、ここにきて痛みが急激にひどくなってしまったのだ。なので、一日中外を歩きまわることはとてもできず、ランチのあとは涼しいホテルの部屋で休みながら旅を続けていた。

そういう状況ではありつつも、マドゥライでは近郊のヴィルドゥナガルという町へ遠足に行った。ここもグーグルマップで見つけたのだが、ちょっと変わった形をした寺院があったのだ。

写真を見るとわかるが、衝立状になったヒンドゥー寺院である。パラシャクティ・マリアマン寺院という。ジャイプルにあるハワマハールにちょっと似ている。僕もいろいろヒンドゥー寺院を見ているが、こういう形の寺院は初めて見た。ネットで検索しても詳しいデータは見つからなかったが、参拝客はかなり多かったので、

パラシャクティ・マリアマン寺院

このあたりではそれなりに有名なところなのだろう。かなり活況を呈した門前町だった。

カライクディのチェティナードゥ・マンション

次の目的地は、マドゥライからわずか一〇〇キロ弱のカライクディである。あまり有名なところではないと思っていたが、『地球の歩き方』にも掲載されている。

ここは「食べ歩くインドツアー」的には、先に書いた商人チェティアールたちが暮らしたチェティナードゥ地方の町なので、本格的なチェティナードゥ料理が味わえるところだ。バンガラという高級ホテルで予約すれば、何人もの給仕がフルコースをサーブしてくれるらしい。想像しただけでげんなりしてくる。正直いってそんな本格的で豪勢な饗宴料理を高い金を出して食べる気にはなれなかったし、そもそも体調がそんな状態ではなかった。

それでは何のために来たかというと、チェティアールの料理ではなく、彼らがかつて住んでいた大邸宅を見るためだ。これらはチェティナードゥ・マンションと呼ばれ、世界各地から建材を輸入して建てられた大邸宅がこの地域に密集している。その数一万。大邸宅が一万戸も密集しているような場所が他に存在するだろうか。中国の開平楼閣も豪華な邸宅が密集して建てられていることで有名だが、全部で三〇〇〇棟ほどだという。アメリカのビバリーヒルズには一五〇〇〇戸があるそうだが、あそこは全部が大邸宅なのか？

それはともかく、僕が興味があったのは、大邸宅に使われた日本製のマジョリカタイルだ。大正から昭和初期にかけて、日本では輸出用にタイルが生産された。イギリスのヴィクトリアンタイルを模倣した日本製マジョリカタイルで、それらはインドにも輸出され、こういった富豪の邸宅やモスク、寺院などで使われた。

今も数多く残っているチェティナードゥ・マンションのうち、ホテルに転用されているもの、博物館として開放されているものがあるので、それらを訪れることにした。

カライクディを歩いていても、地元の人が今も暮らしている古い邸宅はあちこちにあるが、それらはどれも開放されていない。内部まで見られる邸宅はカライクディ郊外の町にある。

まず向かったのはカライクディの北およそ一〇キロのカディヤパティだ。ここにはチダンバラ・ヴィラというホテルに転用された邸宅がある。今でも使われている建物なので、外見も美しく、きちんと整備されているようだが、はたして宿泊客でもないのに見せてもらえるだろうか。おそるおそる門をくぐると、ボーイがすぐに出てきて応対してくれる。中を見せてもらえるか聞くと、上司に電話して了解を取ってくれ、親切に案内してくれた（もっとも案内なしでホテルをあちこちうろうろされたら困るだろうが）。それで無料だったので、チップをちょっとあげようとしたらいらないというので、まあまあそういわないでと中年オヤジ的強引さで押しつけてきた。

太い柱が何本も立つ広いホール、瀟洒《しょうしゃ》なダイニングルーム、きらびやかなステンドグラスが内部をほのかに照らし、天井一面に細かな装飾が施してある。こういう贅沢な建物に憧れることはまったくないが、よく造ったものだと感心はする。建物の部材は海外から輸入されたものばかりで、イタリアの大理石、ベルギーの鏡、ビルマのチーク材などが使われているという。だが、残念ながらここでは日本製マジョリカタイルは見当たらなかった。こんな大邸宅がうじゃうじゃ建っているなんて、よほど海外貿易で儲かったんだなあ。

次に内部を見学できるチェティナードゥ・マンションは、カライクディから北へおよそ一四キロのアタングディにあるアタングディ・パレスだ。一九二九年建設だそうだからほぼ築一〇〇年だ。

ここもまたチダンバラ・ヴィラと同じような邸宅だが、お目当ての日本製マジョリカタイルが大量にあった。そもそもタイルは褪色することはないのだが、それにしても昔のままのような鮮やかさでつやつやと輝いていた。壁や天井に貼られたタイルには、おもに薔薇などの花々が描かれている。これを一〇〇年前に日本の職人が製作したのかと思うとまことに感慨深い。

話は飛ぶが、二〇二二年に「ヒンドゥーの神々」という展覧会が福岡、岡山、東京で開催された。そこでインドに輸出された日本製マジョリカタイルが展示された。そのタイルは実に美しく、ヒンドゥー神であるガネーシャとサラスワティが描かれていたが、日本の職人がヒンドゥーの神様のタイルを作っていたということに驚いた。そんなタイルがあったら見たいと思っていたのだが、残念ながらヒンドゥー神のタイルはなかった。

日本製マジョリカタイルを入手

さて、せっかくチェティナードゥの中心地に来たのだから、饗宴料理は無理としても、この地方のミールスはぜひ食べたい。というか、毎日の食事としてミールスを食べるだけ

チダンバラ・ヴィラ

アタングディ・パレスと、そこで使われているマジョリカタイル

なのだが、手頃なチェティナードゥ料理のレストランを見つけた。シュリ・プリヤ・メスというノンベジ・レストランだ。ノンベジ・ミールスにチキンとマトンをさらに追加して豪勢に食べた。これが当たりで実にうまかった。味が本格的すぎて涙が出るほど辛かったけれど。

ここは従業員が全員女性という変わった店だった。彼女たちは威勢がよく、タミル語で

シュリ・プリヤ・メスのノンベジミールス

どしどし話しかけてきたり、説明してくれるのだが、残念ながらまったく理解できない。彼女たちのおかげで店の雰囲気も非常によかった。

このすぐ近所にはアンナプルナ・レストランがあり、そちらもベジ・ミールスのおかずが五品もある豪勢なミールスでおいしかった。チェティナードゥはベジもノンベジもミールスがうまい。

チェティナードゥ・マンションも見られたし、一応本場チェティナードゥ料理も食べたことだし、これでカライクディを出発しようとネットで翌日のホテルの予約をした。そのあと「X（旧Twitter）」でカライクディのことをポストしたら、それを見たある方が、自分もカライクディに行ったが、そこでは古くなった邸宅から出る大量の骨董品を扱う骨董屋が何軒もあったと、骨董屋の写真まで添えて返信してくれた。

えええ？　そんな骨董屋はぜんぜん見かけなかった。いったいどこにあるんだ。急いでグーグルマップで検索すると、おおっ！　二〇軒ほどの店が出てきた！　昼間に行ったシュリ・プリヤ・メスのすぐそばではないか。

もしかすると、邸宅から出た日本製マジョリカタイルがあるかもしれない。これは行ってみなければ！

今晩までだったカライクディのホテルを一泊延長し、さっき予約したばかりのホテルを延期した。そして翌日、骨董屋へ向かった。

一軒目の骨董屋を目指してグーグルマップで示された場所へ行った。だが、そこには店らしきものはなく、普通の民家があるだけだ。なんでだ？　とりあえず「すいませーん」と声をかけてみたら、若い女性が家から出てきたので、「ここって骨董屋さんですか？」と聞くと、女性はうなずいて、こっちへどうぞと、その家からすぐそばの他の家へ案内してくれた。そこは家一軒がまるまる倉庫になっていて、ガラス製品、ホーローカップ、銅鍋、陶磁器の食器、テーブル、椅子などの家具、絵画、ヒンドゥー神像など様々な骨董品で埋め尽くされていた。

カライクディの骨董屋

倉庫には若い男がいて、僕に聞いた。

「何が欲しいんだ？」

「日本製のマジョリカタイルはある？」

「あるよ」

男はそういって、バックヤードから一〇枚ほどのタイルを持ってきた。それは確かに日本製マジョリカタイルそのものだった。

なんと、一軒目からこんなにあっさり出てくるとは思わなかった。クリシュナ神のタイルが四枚、他の六枚はいずれも花柄で、どれも値段はまあまあだったので全部買うことにして、一応ちょっと値切ってみたが、まったく応じてくれなかった。

それから一〇軒ほどの骨董屋をまわった。一般民家の倉庫のような骨董屋は最初の店ともう一軒ぐらいで、他は表から見てもわかる普通の店だった。そういった骨董屋で品物を盛んに物色している日本人女性がいた。

購入したクリシュナ神など日本製マジョリカタイル

「あれ？　日本人ですか？」とこちらに気付いた彼女から声をかけられた。

「そうです。仕入れですか？」

「いえいえ、普通の旅行者です」

彼女は笑ってそういっていたが、いや〜、その物色の仕方や物腰を見てると、そういうことにいかにも慣れてますという感じで、とても普通の旅行者には見えませんけどねえ。まあ、いいんですけど。

他の店にもタイルはあった。だが、最初の店で買ったものほど状態がよくなかったり、花柄しかなかったり、あるいは無闇に高かったりで、結局その後はたいして買うことはできなかった。最初の店がベストだったのだ。

昨日まではまさか展覧会で見たようなヒンドゥー神の日本製マジョリカタイルが買えるとは思っていなかった。Xで骨董屋の存在を教えてくれた方に感謝した。

ティルチラパッリのミールス

ここらへんで一か月の旅がいよいよ後半戦だ。ようやく体調も元に戻ってきて、小川京子の膝も痛みがなくなってきた。

次のティルチラパッリまで約九〇キロ。エアコンバスなどなかったのでガバメントバスに乗った。二時間一五分で到着。距離が短く出発が朝早かったのでそれほど暑くはなかった。これで九〇ルピー＋荷物代四五ルピーで一三五ルピー（二四三円）だから、インドのベーシックな交通機関はほんとに安い。

さて、知らない人には発音しにくい地名だが、ティルチラパッリは南インドでは有名な観光地だ。地元の人にも長い地名なのかティルチィと略して呼ばれることが多い。ここには南インドでも最大級のランガナータスワーミ寺院があり、ゴプラム（門塔）は高さ七二メートルと巨大だ。

だが、ここを訪れるのは二度目で、もう巨大なゴプラムにはさほど興味がない。小林さんがティルチィにはおもしろいレストランがありますよと勧めてくれたから来たのだ。

まず一軒目は、小林さんが「渋い内装の店」と紹介してくれたニュー・マドラー・ホテル。小林さんの法則によれば、「ニュー」と付くレストランに新しい店はないらしいので、ここも古い店なのだろう。薄汚れた「ミールス・レディ（ミールスの準備ができています）」が実にいい。これを見ただけで食欲が湧いてくる。

中は小林さんのいうように「渋い」。上がペンキで黄緑色に塗られ、下は一面を白いタイルで覆われた壁は、日本の銭湯のような趣である。ホールには小学校で使っていたよう

ニュー・マドラー・ホテルのミールス

なかわいい小さな机が並んでいる。そこにおやじたちが座ってひたすらに黙々とミールスを食べている。これはもう絶対うまいミールスだと確信した。

　出てきたミールスはおかずが三品で、ご飯にサンバルがかけられる。一〇〇ルピー（一八〇円）でおかわり自由のごく普通のベジミールスだが、やはりうまい。こういう店でまずいミールスはほとんどないのだが、それでもやっぱりつくづくうまい。あ〜、南インドに来てよかったと思う瞬間である。

　二軒目の店はかなり変わった店で、こういう店は今まで見たことがなかった。チェラマル・マンパーナイ・サマヤルというピュア・ベジタリアンの店で、店名を告げただけでオートリキシャが迷わず連れてきてくれるぐらいの有名店だ。

　まず内装が変わっている。上品な骨董屋というか金持ちの家の食堂といった感じで、ニュー・マドラー・ホテルのよう

チェラマル　ヤル

な庶民的雰囲気とは正反対だ。

　次に料理の供し方が変わっている。カウンターの前に茶色い陶器の容器がいくつも並んでいる。これらには野菜料理が入っていて、容器の下にはお湯が満たされており、それで温めてカウンターのバナナの葉に順番によそうのだ。ちょっと高級寿司屋に入ったような気分だ（入ったことないけど）。

　それでバナナの葉には、何種類もの野菜料理がちょっとずつ載せられて、色とりどりで美しい。ピュア・ベジタリアンの、あまり手の込んだ調理はせず、なるべく素材の味をそのままにという感じの料理だ。ベジだけどおかずの品数も多いせいか三〇〇ルピー（五四〇円）と高い。

　こういう料理は前に食べた覚えがある。バンガロールのウドゥピ・シュリ・クリシュナ・バーヴァンで食べたピュア・ベジタリアン、スペシャル・ミールスと似ている。上品でシ

ンプル。神様に捧げる清らかなプラサード的な味である。

個人的には庶民用の普通のベジミールスのほうがうまいと思うが、この店は大人気で、もっと簡易なミールスを食べさせる玄関ホールには多くの人が詰めかけていた。僕もそっちで食べたかったのだが、こういう場合はいつもエアコンや別室に有無を言わさず通されてしまう。

ティルチィのミールスめぐりはこの二軒だけで終了だ。二泊しても昼は二度しかないから、ミールスはたった二食しかできない。つくづく残念だがしょうがない。若いころであれば昼は当然ミールス、夜もミールスがあるレストランを探して食べることもしばしばだったが、今はとてもそんなに食べられない。

小林さんは一日五食するという伝説の持ち主で、まあ確かに一つの町で五食するのに五日も滞在しているわけにはいかないだろう。それを延々と長きにわたって続けてきた成果が『食べ歩くインド』として結実したわけだ。こうやって実際にミールスやビリヤーニーを食べ歩くと、小林さんの偉大さが身をもって実感できる。どう考えても連日で一日五食は無理。

クンバコーナムの寺院見物

ティルティの次へ向かうのはクンバコーナムだ。ここは「食べ歩くインドツアー」の推奨レストランはないのだが、ティルチィから一気にチェンナイへ行くのは遠すぎるのと、日程の調整のために立ち寄ることにした。ティルティからクンバコーナムはおよそ一〇〇キロで、今度も早朝発のガバメントバスで約三時間。料金は八五ルピー（一五〇円）とバカ安だ。

ここもむかし来たことがある。南インドの聖地といわれて来たが、そのときはのんびりした小さな田舎町という印象だった。それ以外のことはほとんど何も覚えていないが、とくに有名な見どころらしいものはないと思っていた。

あとになってこの町が有名な天才数学者ラマヌジャンの生誕地であることを知った。むかし来たときはラマヌジャンの名前さえ知らなかったが、今回はせっかくだから生家を見にいった。

クンバコーナムのほぼ中心部にその家はあった。管理人が一人いて、小さな家の内部を無料で見せてくれる。ラマヌジャンは貧しい生まれだったので、働きながら数学を研究していた。まるで神のお告げのように数学の公式が降ってきたといったそうだが、彼が眠っていた部屋に置かれたこのベッドで、その公式が浮かんだのだろうか。天才ぶりが認められ、ロンドンに招待されて五年滞在したが、体調を崩してインドに帰ってきたラマヌジャンは、その翌年には三二歳の若さで病死する。それもこの寝室だったのか。部屋が三つしかない本当に小さな家なので、見るべきところも少ないが、あの天才ラマヌジャンが生き、死んだ同じ空間にいられたことだけで僕には十分だった。

ここでのミールスはラマヌジャンの家のすぐそばにあるシュリ・ゴウリククリシュナ・ホテル。清潔で大きなホールにいくつもテーブルが配されたごく普通のレストランで、ベジミールスとビリヤーニーを食べた。普通においしかった。

今回の旅では、南インドの有名な寺院は外側を見る程度で、中へ入ったことは一度もなかった。クンバコーナムでも町の寺院へは入らなかったが、郊外に「チョーラ朝建築の最高傑作があるからぜひ足を運んで欲しい」と『地球の歩き方』に書いてあった。そしてもう一つ、町の外れにも「彫刻の密度と完成度はチョーラ朝寺院のなかでも随一」という寺院があると書かれている。

前に来たときはそんなものがあるとは知らなかった。ちょっと行ってみようという気になったのは、「ぜひ足を運んで欲しい」と書いたのが『歩き方』のスタッフだった友人の前原利行《まえはらとしゆき》さんだったかもしれないからだ。

前原さんは長いあいだ出版活動をいっしょにやってきたとても親しい友人だった。その彼が二〇二三年に原因不明の病気で急逝してしまったのだ。六一歳の若さだ。本当に突然彼は僕の前から永久にいなくなってしまった。あれからまだ一年ちょっとしかたっていない。彼が「蔵前さん、せっかくここまで来たんだから行ってみてよ。けっこういいですよ」といっているように感じたのだ。だから行くことにした。

郊外のガンガイコンダチョーダプラムという村にあるのがブリハディーシュワラ寺院で、寺院を目の前にして圧倒された。すごい迫力だ。以前タンジョールなどで同じチョーラ朝寺院を見たので、もう寺院はいいかなと思っていたのだが、あらためて一八年ぶりに見てみると、その造形美に感動した。見に来てよかった。

続いて、クンバコーナムの外れのダーラースーラムにあるアイラーヴァテシュワラ寺院へ行ったが、こちらも精密に施された彫刻や石柱の回廊がすばらしかった。

見物に来ていた女子高校生たちがうれしそうに声をかけてきて一緒に写真を撮ってくれという。中高年のおじさんおばさんに若い女の子がこんなことをいうのは僕の経験では南アジアとイランぐらいだ（SNSでそう書いたら、他の国でもあったといっていた）。

大都会チェンナイ

いよいよ南インド「食べ歩くインドツアー」も大詰め。タミル・ナードゥ州の州都チェンナイに向かう。クンバコーナムからチェンナイは約三〇〇キロと遠いのでエアコンクラスの列車で行くことにした。一〇〇〇ルピー（一八〇〇円）、所要約六時間だ。

列車はチェンナイ・エグモア駅に到着した。これまで南インドでは田舎町ばかり旅してきたので、ひさしぶり

ブリハディーシュワラ寺院

の大都会はけっこう緊張する。

エグモア駅は古い駅舎で、プラットホーム全体にかけられた屋根、ホールのアーチや柱がエキゾチックな美しさだ。以前はこのエグモア駅の近くの安宿に泊まったはずだが、もうぜんぜん覚えていない。とりあえず予約したトリプルケーンのホテルへ向かう。

チェンナイは三泊四日なので、ミールスを三回食べられる。推奨レストランは数多いのでどこへ行くかが問題だが、チェンナイ一軒目はシュリ・バラージー・バヴァンにする。「老舗の有名店で一度は訪れたい」とあり、ホテルに比較的近かったので行ってみたが、ここでもにぎやかなノンエアコンじゃなくてエアコンルームで食べろといわれる。品数も多くて味もまあまあなんだが、ノンベジ・ミールで二〇〇ルピー（三六〇円）はやっぱりエアコン代が入ってるよね。それはいいのだが、貴重な三軒のうちの一軒としてはちょっと外れだったかな。

チェンナイは海に近いせいかタミル・ナードゥ内陸の町に比べると気温が下がって、日中で三一〜三二度ぐらいだ。ぐっと身体が楽になって街歩きできるのがうれしい。

チェンナイに来たのはひさしぶりなので、街の雰囲気を味わうためにジョージタウンを歩いてみた。金物だけの店が並んでいたり、路地ごとに店が変わるのがおもしろいが、たいして広くもない道に通行人やら買い物客やら大きな荷物を抱えた人々でごった返し、自転車、荷車、オートバイだけでなく牛やトラックまで通るから大変である。のんびり店をのぞきながら歩くなんてことはできない。前をしっかり見て、人や牛や車に注意しながら慎重に歩かないと進めない。それでもバイクと接触するぐらいはしょうがないというレベルだ。ニューデリーのメインバザールも二〇～三〇年前はこうだった。歩くだけで疲れ果てたが、南インドならではのバナナの葉を加工する店があったり、山車に出くわしたりして楽しかった。

チェンナイ二軒目のレストランは、ナショナル・ロッジだ。アーンドラ・ミールスの店だが、レストランでロッジという店名は初めて見た。インドではホテルがレストランなのは珍しくないが、ここは宿泊もできるのでロッジというレストランになっている。

中はコルカタの安宿ホテル・パラゴンみたいなところで、入り口から狭い階段を上がると廊下を通り小部屋を抜け、食堂部までの道のりが遠い。やっぱり元来がロッジだからこんな構造になってしまうのだろうか。

食堂ホールはそれほど広くはなく、四人掛けのテーブルが八つ。そこに来るのはだいたい地元のおやじどもと思われる人々ばかりで、ミールスをがしがし食ってさっさと仕事に戻るという感じ。

アーンドラ料理は辛いと聞いたが、ここのミールスはそんなこともなく、食べやすくておいしかった。

ミールスの店は三軒しか行けないが、他に朝夕はティファンの店にも行く。ここで足繁く通ったのがラトナ・カフェだ。「朝のティファンが別格のうまさ。特に同店名物のソー

ナショナル・ロッジ

スパン風容器に入ったサンバルをジャバジャバとワダやイドゥリにかけてもらっていただくのが最高だ」とあるから行かないわけにはいかない。おっしゃるように、サンバルがうまかった。朝と夕方では違うサンバルを出すそうで、その違いもおもしろかった。

このときたまたまネットでラトナ・カフェに関する日本語の記事を発見した。「全日本コーヒー協会」の「マドラスコーヒーに欠かせないチコリについて」という記事だ。それによれば、ここは独特のコーヒーでも有名らしい。そういえばコーヒーだけ飲んでいる人を店内で見かけた。だが、路上では一〇ルピー（一八円）で飲めるのに、ここのコーヒーは四〇ルピー（七〇円）もするのだ。だから飲まなかったのだが、ここのコーヒーはチコリが五％ブレンドされていて、その独特の風味に慣れた人が、コーヒー豆だけのものとは別の飲み物として親しみ、受け継いできたという。

へ～、そうなのか。それじゃぜひ飲んでみよう。ネットで検索すると、チコリとはキク科の多年生の草木とあるが、その根を乾燥・焙煎させたものを入れて飲むのが本来のチコリコーヒーだそうだ。ここでは普通のコーヒーに少しだけチコリを入れる。苦みが強くなるらしい。元はコーヒーの代用品だったそうだが、今ではただのコーヒーより手間がかかるから高くなる。

で、飲んでみた。

う〜ん、コクがあるといえばコクがあるが、それより変な味だ。まずいというわけではない。僕は普通のコーヒーのほうが好みだが。

さて、いよいよチェンナイ最後のミールスだが、最初からここしかないと思っていた。『食べ歩くインド』で「チェンナイで味わうべきベジミールスの筆頭」と称賛されたカーシー・ヴィナーヤガ・メスである。

まずこの青フチで薄汚れた「ミールス・レディ」の看板が見たかった。僕が『食べ歩くインド』の装幀をやった際、小林さんの写真にあったこの看板が好きで、裏表紙と帯に大きく掲載した。ついに実物を見られてうれしかった。

青く塗られた板壁にそっけなく開かれた狭い入り口をくぐると、縦長のホールに縦四列で小さなテーブルが並んでいる。テーブルだけ見ると、習字教室みたいな感じだ。左右には通路が

カーシー・ヴィナーヤガ・メス

開けられていて、おかずやご飯を盛り付けするスタッフが通れるようになっている。小林さんがいうには、テーブルのレイアウトが客よりスタッフの通行を優先するほうがミールスはうまいとのことだが、その法則の通りである。

青々としたバナナの葉に盛られたたっぷりのご飯を見よ。ここのミールスはご飯のおかわりはできないが、ご飯茶碗三～四杯ぐらいの量があるので十分だ。レジの上にはバナナの葉が丸めて置いてあるのが見えるが、テイクアウト用のミールスにもバナナの葉を付けるこだわりぶりである。素朴で食べやすい最高の味だ。ああ、ここまで来られてよかった。

再びバンガロールへ

チェンナイ滞在を終え、次はいよいよ旅の終わりバンガロールへ。距離にしておよそ三五〇キロあるので今度も列車を利用する。駅でエアコンクラスのチケットを買ったら五六〇ルピー（一〇〇〇円）だった。

クンバコーナムからチェンナイの列車は旅行代理店で予約してもらったが、距離約三〇〇キロ、エアコンクラスで一〇〇〇ルピー（一八〇〇円）に手数料を一〇〇ルピー（一八〇円）

取られた。なんと二倍もぼられていたのか。まったくもう！

バンガロール行きはチェンナイ中央駅から出発する。赤レンガの美しい駅舎で、広い待合室には大勢の人が椅子に座って、あるいは床に横になって列車の出発を待っている。その隙間にはノラ犬も眠っているが、誰一人気にしないのがインドらしい。

プラットホームに入ってきた列車は二階建て車輌で、その車体には広告が描いてあった。インドにもこういう車輌があるんだなあ。バンガロールまで約六時間の旅である。

バンガロールの宿は前に泊まったホテルと同じマジェスティック地区でバススタンドの東だが、今度の方が安くて設備がよかった。

ついでだから、今回の旅で利用したホテルのことを書いておこう。インドでは経済成長で中流層が増え、数多くの人たちが家族でインド国内を旅行するようになった。今のホテルの顧客はこの人たちが中心だ。だから、昔のようなトイレ・シャワー共同エアコンなしの小汚い安宿は、家族連れのインド人には好まれないから、清潔でちゃんとシーツが替えてある、いわば普通のホテルが中心になっている。

チェンナイやマドゥライといった大都市や観光客の多い街を歩くと、昔の安宿のような

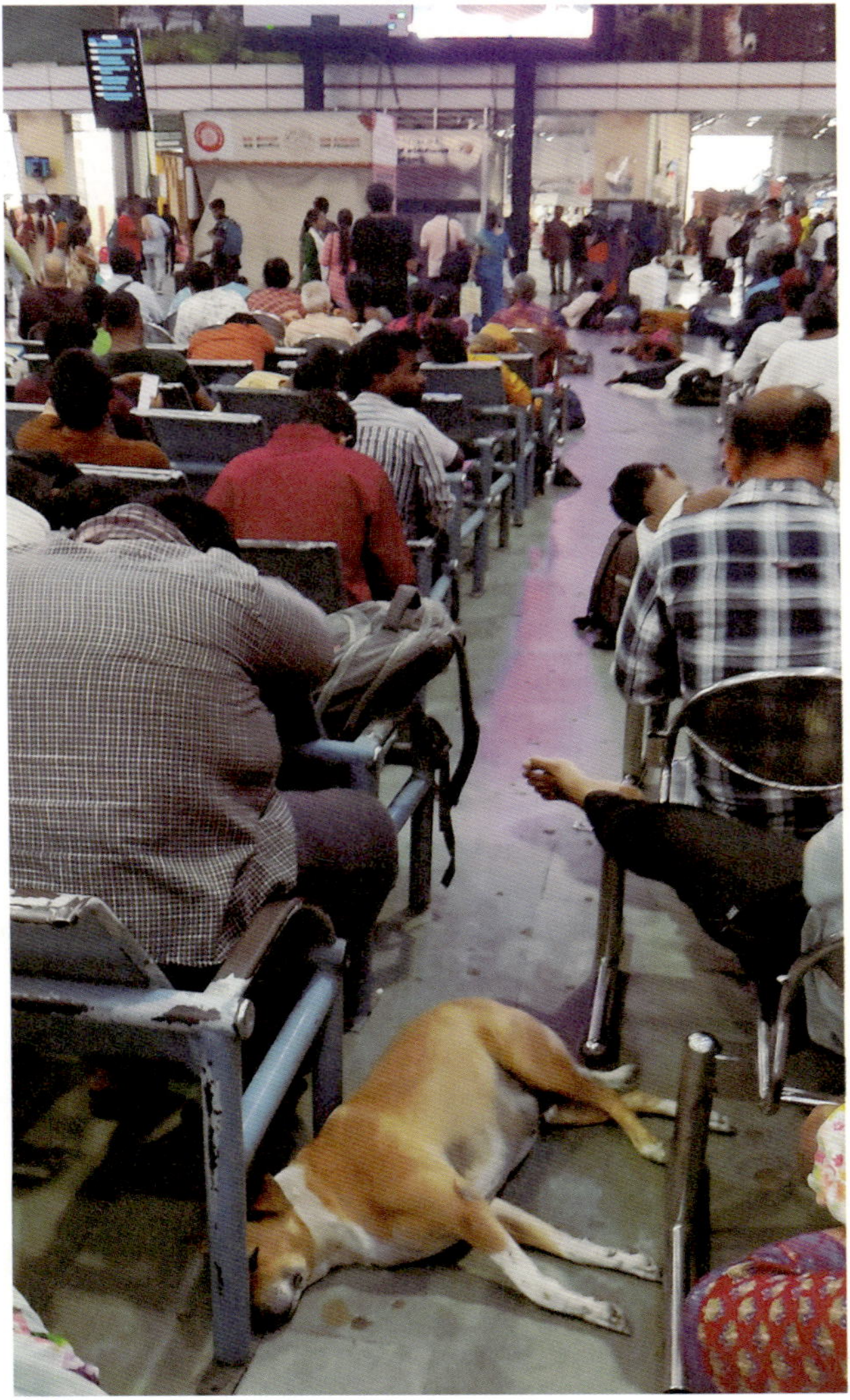

チェンナイ中央駅の待合室

ゲストハウスの看板も見かけるので、消滅したわけではないだろう。ただ田舎では外国人用の書類が必要になるので、面倒なのか外国人を泊めないところもあるらしい。

今回は、ほとんどの宿を前日にネットで予約した。予約サイトに出てくるエアコン付きの最安ホテルで選んだ結果、最も安かったのが一二九〇ルピー（二三二〇円）で、高かったのが二八〇〇ルピー（五〇四〇円）。大まかにいって一五〇〇ルピー（二七〇〇円）前後といった感じだ。もちろんトイレ・ホットシャワー付きのダブルルームで、部屋はどこも清潔、シーツもちゃんと替えてあり、バスタオルもある。コーヒー・紅茶に電気ケトルを備えたホテルもあったが冷蔵庫はなかった。いわゆる中級ホテルでどこも快適である。

ちょっと前まで僕は予約サイトでホテルを予約するのが好きではなかった。あらかじめ予約すると、予定がそれで決まってしまうので、気まぐれに行き先を変えられない。それに実際に部屋を見ないで予約すると、写真とまったく違う部屋になるんじゃないかと思ったからだ。

だが、予約しないで街に着くと、ホテル探しをしなければならない。以前はそれが当然だったが、予約するのが普通になると、その手間がまったくなくなるのはかなり楽だった。

それにホテルの予約はたいてい前日にするので、先々の予定に縛られるということはない。また、だいたいの場合、予約サイトを通す方が料金は安い。

今回の南インドの旅行では、予約サイトで見る部屋と実際の部屋の違いはほとんどなかった。どこでもそうだとはいえないが、サイトの見方に慣れてくれば、いい部屋かどうか多少は見極められるようになる気がする。

さて、最後のバンガロールだ。ここには雑誌「旅行人」の読者だった後藤理恵さんという方が住んでいて、あずきビストロという日本食レストランを経営している。前にバンガロール在住の方と書いたのはこの人のことだ。コロナ禍前まで二〇年以上も旅行代理店をやっていた人なので、とうぜん現地を知り尽くしている。彼女がわれわれが行きたいレストランや店を一日案内してくれた。それで一緒に行ったレストランがＭＴＲだ。

ここはバンガロールで最も有名な店といってもいいかもしれない。国の内外に支店を持つ大レストランチェーン店だったが、後藤さんによれば、本店以外の店はすべてイギリス企業に買収されてしまったという。われわれが来たのはもちろんラールバーグにある本店だ。

非常に人気がある店で、ティファンが有名なレストランなので朝から開店を待って客が並ぶそうだが、ミールスが出る昼もすぐに満席になる。席が全部埋まったのを見計らってミールスを出すそうだ。

最初に出てくるミールスは、おかずもプレートのなかについであるので一見するとさほどの豪華さはない。朝のティファンでよく食べるプーリーが付いているのは珍しい。だが、食べてみたら、今回の旅で一、二を争うほどうまかった。三五〇ルピー（六三〇円）と高いのだが、後から次々に料理が出てきて、最後には甘いデザートもつく。三五〇ルピー出す価値がある最高のミールスだと思う。

清潔さを売りにするこの店は、建物自体は豪華でもないし、けっこう古びているが、掃除が徹底している。テーブルの上を拭き掃除するのはどこでも当たり前だが、下の脚まで丁寧に拭くのは珍しい。清潔であることを客に示すために、キッチンの中も自由に見せているそうだ。

オーナーはこの本店だけは手放さなかったというが、ホテルの近くにもＭＴＲがあったので後日行ってみたらその違いは歴然だった。モダンなデザインの建物で、ごく普通のテ

MTR

ィファンなのに値段だけは他の二～三倍する。周囲の客は飲み物だけでおしゃべりに余念がなく、レストラン内はものすごくうるさい。空席も多くぱっとしない店だった。

「食べ歩くインドツアー」終了

さて、「食べ歩くインドツアー」もいよいよ終了だ。最後のミールスを『食べ歩くインド』が紹介するレストランで食べたかったが、小川京子の膝の痛みが満足に歩けないほど激しくなったので、ホテルの近所のレストランで食べることにした。

最後のミールスはホテル・ナルサキという店だ。たぶん有名でもなければ名店でもない。看板にはベジもノンベジもタンドゥーリ料理も中華料理もあると書いてある。いかにも平凡な都会の店だ。

だが、九〇ルピー（一六〇ルピー）のベジ・ミールスは、奇をてらったところもなく、足りないところもなく、ミールスらしいおいしさだった。前にも書いたが、客がちゃんといてにぎわっている店が出す一〇〇ルピーぐらいのミールスに外れはほとんどない。この店もそういうミールスで、最後にとても幸せな気分になれた。

旅の最後のミールスになったホテル・ナルサキ

僕の初めて「食」をテーマにした「食べ歩くインドツアー」はこれで終了だ。これまで食べることを意識して旅をしたことがなかったので、これは僕にとって新鮮な体験だった。ビリヤーニーにこれほど違いがあることを初めて知ったし、ピュア・ベジタリアンのプラサード的な料理の味もおもしろかった。念願のファルーダを初めて味わえたし、これまで気がつきもしなかったボージャナーライやミリタリー・ホテル、あるいはメスといった名前の店に入ることもできた。コジコデのホテル・パラゴンのようにめちゃくちゃに人が混んでいる人気店は、並ぶのが面倒くさいのでこれまで避けてきた。この旅だからこそ飛込んで行って、最高のミールスを食べることができた。

だが、正直いって、マサラ・ドーサ発祥のレストラン、ウッドランドで食べたものと、他の店で食べたものの違いはわからなかったし、アイヤール・ブラーフミンの作るミールスの文化的違いもわからなかった。

僕にとって大きいのは、ウッドランドのあるウドゥピやその近くのタラセリ、そしてアイヤール・ブラーフミンのパラッカドといった街に行くことができたことだ。おそらく今までの旅であれば、目的地の候補には入らなかっただろう。

熱中症で体調を崩して、いつものような量を食べられなかったことはつくづく残念だった。小川京子も膝の調子が悪かったが、一時は痛みもなくなって、普通に歩くこともできた。ところが、帰国前にまた痛みがかなり激しくなり、痛みを我慢してようやく日本に帰り着いた。

帰国後、すぐに病院へ行った。ＭＲＩとレントゲンを撮って診察してもらい、帰ってきた小川京子に「どうだった？」と聞くと、

「骨折だって」

骨折？　倒れた覚えも打った覚えもないのに、なんで骨折？

レントゲンには膝の骨にひびの跡がくっきりと写っていた。そりゃ痛いわけだよねえ。

なんとか帰り着けてよかった！

天空の国ラダックへ

初めてのラダックへ

初めてラダックへ行ったのは一九八四年六月だった。暑いインド平原部を逃れてヒマーチャル・プラデーシュ州のマナリに滞在していたが、暑い時期に下へ降りる気になれず、チャンディーガルからヒマラヤの国ラダックのレー（ラダックの中心都市）へ飛ぶことにした。

とはいってもチャンディーガルも平地でものすごく暑い。レーへは週に一便しかないので、ここで翌週の便を予約するとすぐに涼しいシムラーに逃げ、またチャンディーガルに戻ってきてレーへ飛んだ。

手間と時間がかかったフライトだったが、デリーからのフライトに比べてチャンディーガルからのフライトは三割ほど安く、それがめちゃくちゃうれしかった（現在はデリー発の方が安い）。当時一ルピーは約一二円で、チャンディーガル～レーは片道五七〇ルピー（一万二〇〇〇円）だった。飛行機の窓から見えるヒマラヤは雪に覆われ、その合間にときどき見えるターコイズブルーの湖が実に神秘的だった。

レーに着いたときの不思議な感覚を今でもよく憶えている。まったく木が生えていない岩山が見えたが、その岩肌が細かくくっきりと見えるのだ。僕は近視で、当時でも視力は

0・8ぐらいしかなかった。それで日常に不自由することはなかったが、レーの風景を見ると、突然視力がよくなった気がした。世界がクリアにすっきりと見えるのだ。

それはレーの空気が乾燥して澄んでいたからだ。空気に水分やゴミが含まれていないとこんなによく見えるものなのかと感心した。逆に考えると、視力0・8でも、下界の空気に水分やゴミがなければもっとよく見えるのか。空を見上げると青い空ではなく、宇宙につながっていくような紺色の空だった。

ラダックはもともとインドではない。一〇世紀にラダック王国が成立して、イギリス植民地のジャンムー・カシミール藩王国に併合されるまで独

窓から見えるヒマラヤは壮大な眺めだった

立した仏教国だった。ラダック王国は一八四二年に滅亡する。インドがイギリスから独立すると、ラダックはジャンムー・カシミール州の一部となった。だから言葉も文化も下界のインドとはまるで違う。

もっとも下界のインドも地方によって言葉も文化も異なるのだが、それでも地続きなので多少は連続性がある。ラダックはヒマラヤの遠い向こうであり、簡単に行き来できるようなところではないので、インドとはまったくの別世界なのだ。

ラダックが外国人観光客に限定的に開放されたのが一九七四年で、この一〇年前のことだ。インドに来るまでラダックのことなどまったく知らなかったが、インドの旅も数か月に及び、暑さと旅の疲れでぐったりしていた僕は、涼しくて静かなところへ行きたかった。

そんなとき、『地球の歩き方』に書かれていたこの言葉に心をひかれた。

「バザールの中でバスを降りると、心やさしいラダックの人々が暖かくキミを迎えてくれる。インド平原部やカシミールの町とは違った何かが、ここにはあるのが感じられる」

心やさしい人々に暖かく静かに迎えられたい！

そして、ラダックの人々は本当に心やさしく暖かく迎えてくれた。それはただ一歩、ラダックに足を踏み入れて、そこにいる人々と挨拶を交わすだけで感じ取れるのだ。

「ジュレー」

ラダック語で「こんにちは」「ありがとう」「さようなら」という意味だ。ティビと呼ばれるラダック独特のシルクハットのような帽子を被った人々が街を歩いている。マニ車を手に持ってぐるぐるまわす老婆。どの人の顔も柔和で、やさしく微笑んでいるように見えた。そのなかにいるだけで、気分がリラックスしてくるのがわかった。

本当にここはインドじゃないんだ。

高地の都市レー

レーは標高三五〇〇メートルの高地にある。当時は二〇代と若かったせいか、高山病はまったく問題なく、着いてすぐに町を歩きまわることができた。僻地の小さな町かと思っていたが、ホテルやゲストハウス、レストランもけっこう建っていた。一九八四〜八五年版『地球の歩き方』には、一〇〇ルピー以上のホテルが二四軒、安いゲストハウスは四〇近くあると書かれている。外国人観光客に開放されて一〇年たつと、これぐらいの施設は必要だろう。特に六、七月頃の夏は有名なヘミスの大祭（ヘミス・ツェチュ）があるので、海外の団体観光客がどっと訪れる。おそらく数百人はいると思われる団体客が泊まれるようないいホテルもあったのだろう。

レーの街のどこからでも見えるのが、岩山に建つ王宮（レーチェン・パルカル）だ。一七世紀に建てられたらしいが、このときは立ち入ることはできず、堂々とした建築でありながらも廃墟のような姿だった。

僕と妻の小川京子は小さなゲストハウスに泊まっていた。一応シャワーは部屋にあるのだが、水が出ない。「水が出ないよ〜」とホテルの人に声をかけると、「ちょっと待ってくれ」という。

屋上にあるタンクの水がなくなったらしい。それなら水道の水がタンクに溜まるのを待てばいいのかと思っていたら、宿で働いている一四〜五歳ぐらいの小僧が、大きなバケツで近所の小川から水を汲んできて屋上のタンクに運んでいた。こんな子どもに水を運ばせて、われわれはシャワーを浴びたのだ。もう罪悪感の塊である。

レーの水事情はきわめて悪く、宿の水源は近所の小川だという。そこでは地元の女性た

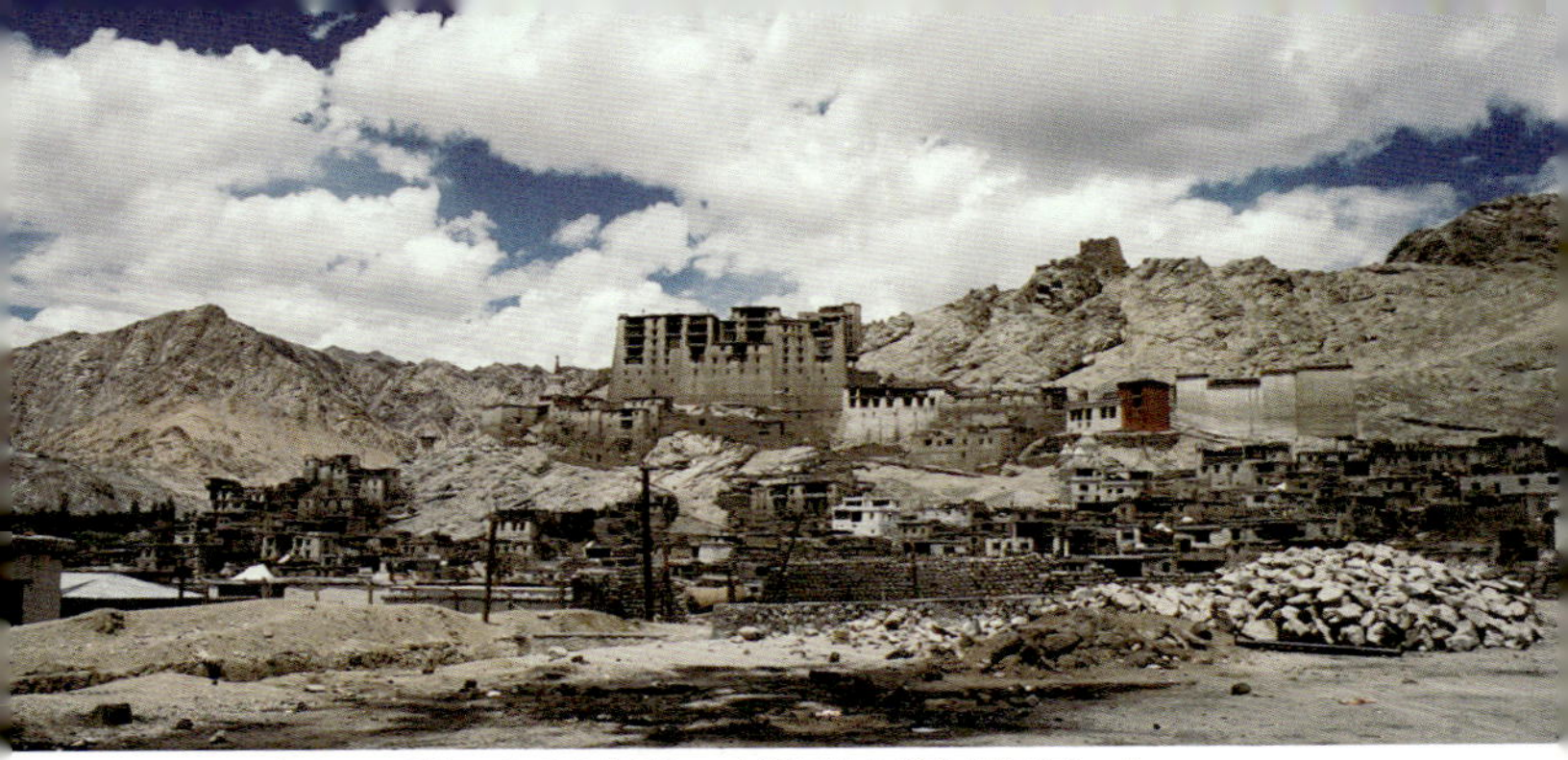

1984年のレー王宮。このころはレー市街にはまだ空き地があった

レーの路上販売。日常的にティビを被っていた

街に流れる小川が貴重な取水所であり洗濯・炊事場所だった

ちが洗濯をしていた。ラダックでは肝炎にかかりやすいから注意しろと旅行者のあいだでいわれていたが、それは水不足による飲料水の汚染が原因だったようだ。

ゴンパめぐり

ラダック観光はゴンパめぐりとトレッキングの二つが主流である。

ゴンパとはチベット仏教の僧院のことで、独特の形をしたゴンパがラダックにいくつも建っている。大きなゴンパへはバスや乗り合いトラックが運行しているので、それで行くことができる。

そして、ラダックはトレッキングの宝庫だ。その体力と技量によって一、二泊のお手軽コースにするか、一週間以上かけて険しい道でザンスカールなどへ行くコースも選択できる。どこへ行っても壮大で厳しく美しいラダックの大自然を味わうことができる。

ただ、旅行者には行くことができる範囲が制限されていた。いわゆる上ラダックと下ラダックは行けたが、中国、パキスタンとの軍事的な問題があり、両国と国境を接するヌブラやダー・ハヌーなどへの外国人の立ち入りは禁止されていた。とはいっても、このころ

ガイドと馬を雇って3泊4日のトレッキングに出た。壮大な景色に圧倒された

バスの屋根に乗って移動する人々。下の席が空いていても好んで屋根に乗る人もいた

はそういう地域があることさえ僕は知らなかったのだが。

まずはゴンパをめぐる。候補のゴンパは一〇近くあるが、欠かせないのは大祭が行なわれるヘミス・ゴンパと、美しいマンダラが数多く残るアルチ・チョスコル・ゴンパ、そして神秘的な風景のラマユル・ゴンパの三僧院だ。

アルチ・チョスコル・ゴンパはレーから西へ七〇キロのところにあるので一泊コースだ。行ってみて驚いた。寺中が美しいマンダラだらけなのだ。直径二メートルほどのマンダラが壁一面に描かれている。暗い寺の中では見にくいのだが、それでもその迫力は十分。このころはフィルムカメラの時代なので、暗い壁面を撮影するのはむずかしかった。

それからさらに西へ行き、ラマユル・ゴンパを訪れる。『歩き方』には神秘的な風景と書いてあったが、それは正しかった。峻険な岩山に建立されたゴンパは、周囲の風景と溶け込みながらも悠然と屹立し、神秘的で近寄りがたい雰囲気を持っていた。ラダックで見たゴンパの中でここがいちばんかっこいいと僕は思った。

ラマユルには宿がなく、ゴンパが旅行者を泊めてくれる。薄暗い僧坊だったが、意外に中は広かった。中には大きな千手観音像が祀られていた。

ヘミス・ゴンパはラダック最大のゴンパである。有名な大祭に合わせてラダックにやってきたわけではなかったが、ヘミス・ゴンパを訪れたとき、ちょうど大祭の最中だった。欧米人だけでなく、日本人の団体観光客も来ていて、その人の多さに驚かされた。ここに来るまで、ヘミス・ゴンパもこの祭りのことも知らなかったが、こんなに有名なものだったのか。だが、あまりにも人が多すぎて、のんびり見物していられなかった。

他にも、ティクセ・ゴンパ、シェイ・ゴンパなどを見てまわったが、どこもレーからバスやトラックを乗り継いでいくしかないので、かなり時間がかかった。それに加えて三泊四日の初

ヘミス・ゴンパで祭りを見る人々。後ろには外国人観光客も見える

心者コースでトレッキングをやったら、あっという間に四週間が過ぎてしまった。

トレッキングをすると、ラダックの壮大で宇宙的な景色を堪能できるが、ゴンパに行く途中の景色だって美しいし、レーにいるだけでも周囲の風景は十分に美しかった。この一か月、どこに行っても人々に暖かく親切にしてもらい、美しい風景を十分に楽しむことができて大満足の旅だった。

二〇二三年ラダックへの旅

それからインドへは何度も行ったが、あれ以来ラダックへは行ってなかった。

その間、これまで外国人旅行者が入れなかったダー・ハヌーやヌブラ渓谷への入域が段階的に許可されていった。さらにパンゴン・ツォ、ツォ・モリリといった湖のある地域も入れるようになった。正直いって僕はラダックにはまだそんなに知らない見どころがあったのかと驚いたものだ。いつか絶対再訪しようと思っていた。

その再訪の日がやってきたのは二〇二三年。最初にラダックに行ってから三九年後だった。

なぜ再訪するのが三九年後だったかについて深い理由はないのだが、二〇一九年に再訪しようと飛行機を手配したことがある。だが、コロナ禍で計画は頓挫してしまったのだ。ようやくコロナ禍が明け、インドへ行けるようになったのが二〇二三年だった。その間にジャンムー&カシミール州だったラダックは二〇一九年、連邦直轄領となった。

今度のラダック再訪は僕と小川京子に加え、兄と友人がいっしょだった。珍しく四人の団体旅行で三週間の予定だ。パンゴン・ツォ、ツォ・モリリが開放された二〇一〇年頃だと、四人とも仕事を抱えているので、三週間も海外旅行することはできなかったが、今は四人とも引退・半引退状態なので、この日程でも行くことができた。

今回はもちろん、三九年前に行けなかったヌブラ渓谷、ダー・ハヌー、パンゴン・ツォ、ツォ・モリリへ行きたい。兄と友人は初めてのラダックなので、主なゴンパもまわりたい。そうなると公共の交通機関を使って三週間でまわるのはまず不可能だ。車をチャーターするしかないが、さて、誰に頼んだらいいいか。

そこでラダックのガイドブックを書くほどのラダック専門家である知り合いの山本高樹さんに、現地のガイドを紹介していただいた。

その人プンツォク・ナムギャルさんは四〇歳ぐらいの人だが、ラダックでも指折りの日本語話者であるらしい。出発前、行きたい場所とゴンパをすべて書き出して彼にメールし、三週間のうちデリー滞在分を差し引いた一七日間で旅行プランを立ててもらった。現地での宿もすべて手配してもらい、レーの空港に迎えに来てもらうことになったので、こちらはただレーへ飛ぶだけである。

今回も六月だ。七月になるとハイシーズンになって混むのでその直前にした。

デリーでは高山病の予防に効果があるといわれるダイアモックスを買い、その日から服用を開始した。高地に行く前から飲まなければいけないらしい。若いときは予防薬など飲まなくても平気だったが、さすがに中高年になって無防備に高度三五〇〇メートルの場所に行くのはこわい。

デリーからレーへ飛び、空港で迎えに来

ナムギャルさん

てくれたナムギャルさんに会った。ラダック人なのだが、ベネズエラ出身の元プロ野球選手ラミレスに似た人だった。

レーの空港は昔と変わらず小さな建物だが、すぐ横に新しい大きなターミナルを建設中だ。もちろん増えた観光客に対応するためだろう。空港から街へは約五キロ。今のところ、空港と市街の間にあるのは軍の施設ぐらいだ。

高度順応のためにレー到着日と翌日は休憩にする。疲れない程度にのんびりとレーの街を歩くことにした。

話には聞いていたが、レーの街は立派に発展していた。大きなメインストリートにはレストランや土産店、食料品店、スーパーなどがずらっと並んでいる。どの建物も大きくて立派だ。これなら食べるものに困ることはないどころか、いろいろおいしいものを食べられそうだし、買い物も楽しめそうだ。

さすがに四〇年前の面影は通りにはほとんどなく、ティビをかぶった人の姿は消えていた（今回の旅行では一人しか見なかった）。レーのシンボルである王宮も、昔よりきれいになった感じがする。

メインストリートで聞き覚えのある音楽が流れてきた。周りを見渡すと、ラージャスターンの民俗衣装の男がラヴァンハッタという弦楽器を奏でている。まさかラダックでラージャスターン音楽を耳にするとは。

ナムギャルさんによれば、観光シーズンになると、下界のインドからこういう芸人などがレーへやってくるらしい。儲けになるならわざわざラージャスターンの砂漠から険しい峠を越えてレーまでやってくるんだねえ。こんな寒いところでいったいどこに眠っているのやら。少しお布施する。

ホテルはものすごい数になっていた。いったい何軒あるかわからないが、とにかくホテルだらけといってもいい。試しにグーグルマップでレーを出して「ホテル」と検索すると、ホテルのマークが無数に出てくる。こんなに多いとかえって選ぶのが大変だ。

われわれが泊まったのは小さな中級ホテルだが、ホットシャワーもトイレも付いて掃除も行き届いた清潔な宿で、当然のことながら昔のゲストハウスとはまったく違う。着いた当初は二階へあがる階段をのぼるだけでも息が切れるのにはまいった。

街の店でスマホのＳＩＭを購入。いつもならインドに到着してすぐに買うのだが、デリ

2023年のレーと王宮。以前と比べると建物がかなり増えた

さまざまな店やレストランがずらりと並んだレーのメインストリート

ーで買ったSIMはラダックでは使えないという話だったので、ここまで待ったのだが、ラダックで買ったSIMでデリーでも使えた。だがラダック以外のところで買ったプリペイドSIMは、今でもラダックでは使えないらしい。今回のコースでは、一部パンゴン・ツォ方面以外はほとんどつながった。

街を歩いていたら、メインストリートで何百人という女性の五体投地に出会った。歌を歌いながら（というように聞こえる）、道路にひれ伏して立ち上がり、前へちょっと進む五体投地は、要するに屈伸運動の繰り返しなのでかなりきつい運動のはずだが、年配の女性も楽々とこなしている。標高三〇〇〇メートルを超えるところでいつもこれをやったら、すごい高地トレーニングになっていることだろう。

たまたま今日がサカダワといい、サカダワ（チベット暦四月）に行われる釈尊の降誕・成道・涅槃に因んだ仏教の縁日だったらしい。山本高樹さんによればサカダワの期間内でも一番ご利益のある満月の日だったのではないかということである。ここだけでなく裏の道でも若い一〇代の男の子や女の子が五体投地をしながら「行進」していた。

ホテルの部屋の窓から真っ白な雪をいただいた秀麗な山が見えた。僕は山の名前などまったくわからないが、ストック・カングリという有名な山で、標高六一五三メートルだそうだ。六〇〇〇メートル級の高山なのに比較的簡単に登れるのでトレッキングコースになっているそうだが、いやいや、そんなわけないでしょ。エベレストに比べれば簡単という話じゃないのか？（現在は環境保全のために入山禁止になっている）

ヌブラ渓谷へ

三日目からいよいよゴンパめぐりだ。用意された車は七人乗りのスズキ・エルティガで、４ＷＤではなくＦＦ（前輪駆

17世紀建立のチェムレ・ゴンパ

動）だ。ＦＦでもいいぐらい道路が整備されているのだろう。規則で酸素ボンベが積まれている。乗員はわれわれ四人と、ガイドと運転手で合計六人だ。

まず上ラダックのシェイ、ティクセ、スタクナ、ヘミス、チェムレをまわった。むかし公共バスやトラックでまわったら、これだけで一週間ぐらいかかったのに、車をチャーターすると一日で五つもゴンパをまわれる。

ゴンパはだいたい丘の上などに建立されている。かなり近くまで車で行けるが、それでも駐車場からちょっとのぼり、中へ入るとさらに階段をのぼると、それでもう息はぜいぜいする。やはり三五〇〇メートルの世界は下界とは違う。

四日目に二泊三日でヌブラ渓谷へ向けて出発する。ヌブラ渓谷やダー・ハヌーなど、レーを離れた地域はパーミッション（インナー・ライン・パーミット）が必要になる。それはすべてあらかじめガイドのナムギャルさんが取得しておいてくれた。

レーを出てしばらくすると車は山を登り始め、あたりは雪景色になってきた。そして、レーからおよそ七〇キロでカルドゥン・ラ（峠）に到達する。ここは一九八八年に車が通れるようになったので、そもそも三九年前は通ることさえできなかったのだ。なんと海抜五三五九メートルである。五〇〇〇メートルを超えるところに立ったのは、バスでチベットのラサへ行ったとき以来だ。途中の安多（アムド）で一泊して、高山病でひどい頭痛がした。安多は五〇〇〇メートルには少し届かないようだが、その前に越えたタングラ峠は五二三一メートルだ。ついにその記録を更新した。

カルドゥン・ラには多くのインド人観光客が車を停めて標識の前で記念写真を撮っている。「世界の頂上にようこそ」などと書いてあり、カルドゥン・ラは車が通れる峠では世界最高地点であるといわれているが、実はそれはまちがいで、ラダックにここより高く車が通れる峠が二つもあるそうだ（そのうちの一つを後日越えることになる）。だからこの標識の「TOP OF THE WORLD」は正しいとはいえない。

他に「世界で最も高いカフェ」を標榜するリンチェン・カフェがある。ここの看板には一八三六〇フィート（五五九六メートル）と書かれているが、ウィキペディアによれば「記録を破る目的で水増しされた値であると地元の人々が主張している」そうだ。おいおい。

ボリビアにあるチャカルタヤ・スキーリゾートにあるレストランは海抜五三四〇メートルで、こっちはギネス公認記録らしい。

ちなみに、ラダックの標高に関する数字は、ここに限らずほとんどあてにならないらしい。僕が調べた数字もウィキペディアを含め掲載媒体ごとにすこしずつ違っているので、あくまで目安と考えていただきたい。

しかし、五〇〇〇メートルを超えるとなると怖いのは高山病だ。写真を撮ろうと車を降りると、ナムギャルさんが「一〇分だけです」という。それ以上は危険だそうだ。

車を降りてすぐに頭がぼーっとしてくる。空気も薄いし、長くいるのはほんとにまずい。日が照っているせいか思いのほか寒くはない。写真を撮ってすぐに出発する。

峠に至る少し前にすれちがった車には、酸素マスクをして苦しそうにしているインド人の男が乗っていた。まちがいなく高山病だ。

「インド人で高山病にかかる人は多いですよ」とナムギャルさんはいう。

「インド人はあんまり考えないで手軽にレー行きの飛行機に乗っちゃうんですよ。だから高山病にかかる。海外から来る人はちゃんと高山病のことを考えて対策してくるからかかる人はわりと少ないです」

なるほどね。デリーに住んでたらレーなんか飛行機ですぐ来れちゃうもんね。暑いから

6月でも標高5000メートルともなると雪が積もっている

標高5359メートルのカルドゥン・ラ

標識前は記念写真を撮る人々で大にぎわいだ

ラダック行っちゃおう！　というノリで来たら高山病なってしまうかも。

　峠からおよそ四五キロ、一時間でディスキットという町に到着する。ヌブラ渓谷では最も大きい町だそうだ。ここにあるディスキット・ゴンパを見に行く。一五世紀に建立されたゲルク派のゴンパだ。ゴンパのすぐそばに高さ三三メートルという巨大な弥勒像があった。二〇一〇年にできたせいか、まだ新しくぴかぴかしている。

　そこからしばらくいくと、フンダルという村に出る。豊かな緑に恵まれたところで、砂丘があったりするので、旅行者に人気の滞在地になっているらしい。僕の見たところ渓谷の中の荒れ地という感じだったが、なんとそこにはラクダの大群がいた。

荒々しい自然のヌブラ渓谷

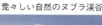

インドの山奥にラクダがいるのはイメージ的におかしい。どこかから輸入したラクダだと思うが、荷駄用ではなく観光客を乗せる。僕はぜんぜん興味ないが、友人は乗った。楽しかったといっていた。

ヌブラ渓谷は、けっこうワイルドな岩山に挟まれて、荒涼とした河原が延々と続く。遠くに見える山々は雪を戴いている。そんなに高い山には見えないが、ヌブラ自体がレーと同じ三五〇〇メートルほどあるので、五〇〇〇メートル級の山なのだろう。そこにときどき緑豊かなオアシス地帯が現れる。オアシスには自然の潤いや美しさが感じられるが、僕には荒々しい風景のほうが印象的だった。

この夜に宿泊するのはパキスタン国境に近いトゥルトゥクという村だ。国境まで行く予定だったが、許可が下りず中止になり、おとなしく宿で食事をして眠った。翌日、再びカルドゥン・ラを越えてレーへ帰る。

ダー・ハヌー

翌日はレーで一日休養して、次の日からアルチ、スムダ・チュン、ワンラの各ゴンパを訪問してラマユル・ゴンパへ向かう。インダス川沿いの道路を走るが、インダス川とザンスカール川が合流する地点では、川の色が異なって合流するのが印象的だ。

まずアルチ・チョスコル・ゴンパだ。ここは大きなマンダラがよく保存されていることで有名だが、現在は撮影禁止で一部しか見ることができなかった。貴重なマンダラの保存には神経を使うことだろう。

その点、スムダ・チュン・ゴンパは小さいながらも、古いマンダラがよく残っていてなかなか見事だ。撮影も許されている。『ラダック旅遊大全』（山本高樹）によれば、ここの仏画・仏像はアルチ・チョスコル・ゴンパに匹敵するカシミール様式の仏教美術の至宝なのだそうだ。僕も強くおすすめしたいゴンパである。

そして以前訪れたときに最も感動したラマユル・ゴンパ

インダス川とザンスカール川の合流地点

に到達した。四〇年もたてば変わるのはわかっているのだが、むかしのイメージがまったくない。岩と土の山々から生え出てきたようなゴンパの建物が、今は白く輝いている。大幅に増築もされている。渓谷の中の孤高の存在だったが、今は周囲に家々が増えた。かつては泊まるところもなくゴンパの中で眠らせてもらったが、もちろん今では何軒もゲストハウスが建っていた（今でもゴンパには宿泊施設がある）。

僕はそれを失望しているわけではない。あの神秘性はちょっと薄れたけれど、多くの人が訪れて、ゴンパは豊かになったのだろう。ラマユルの村もずいぶん発展したようだ。

そのラマユルの村にあるゲストハウスに滞在し、翌日ダー・ハヌーへ向かう。続いてインダス川沿いの道を走る。こちらもまた荒々しい風景だが、ゴツゴツした岩肌の山々と、青緑色のインダス川が絶妙な風景を作り出している。

スムダ・チュン・ゴンパの本尊ナンパ・ナンツァ像

1984年のラマユルは孤高のゴンパだった

2023年のラマユル・ゴンパ。むかしと同じアングルを探したが、どこから撮ったかわからなくなっていた

ダー・ハヌーにはドクパという少数民族が暮らしている。言語も文化もラダックとはまったく違うらしい。彼らは頭に花を飾る風習があることから「花の民」と呼ばれており、それがわれわれのような観光客を引きつける。ナムギャルさんによれば今では若者たちはやらないそうだが、運よく頭に花を飾った地元のおばさんたちがいた。一人は写真は有料といわれたので、観光用に花を飾ってくれたのかもしれない。

それにしても岩山ばかりで人家なんかほとんどないのに、ほんとにこんなところに宿はあるのかと不安になったが、着いてみたらちゃんとあって安心した。それでこういうところでもスマホのアンテナが立ち、ＳＮＳに投稿できるのはかなり奇妙な気分だ。

宿で血中酸素濃度を計測した。兄がコロナ禍のときに

「花の民」ドクパ

買ったパルオキシメータを持参したのだ。僕はそれまで自分の血中酸素濃度など一度も測ったことがないので、正常な値がいくつかも知らないが、六四と出た。小川京子も兄もやはり六〇台。友人だけが八〇台だ。

六〇台というのは非常に悪い数字だと兄はいう。日本でこれが出たら即入院どころか、もう死んでもおかしくはないらしい。正常値は九六で、九〇を切るとまずいというが、特になんともないんですけど、もしかして「おまえはもう死んでいる状態」？

天空の湖へ

今回のラダック旅行のハイライトはパンゴン・ツォとツォ・モリリという二つの湖だ。外国人が入れるようになる前はこんな湖があることさえ知らなかった。ラダック全体が今でもパキスタンや中国との争いが頻繁に起きている紛争地帯だが、二〇二〇年にはガルワン渓谷で印中両軍が衝突し、インド軍兵士二〇人が戦死した。パンゴン・ツォの東側には中国との未確定国境線が通っている特に微妙な地域で、中国がパンゴン・ツォに軍事用の橋を建設しているとインドは非難している。にもかかわらず、ここには道路が整備され、多くの観光客が訪れるようになっている。もちろん道路を整備するのは観光客のためだけではないだろう。

パンゴン・ツォからツォ・モリリにかけての地域は、標高が四〇〇〇メートルを超える高地だ。こんなところへいきなり行くと高山病になる危険性が高いので、なるべく他の地域をまわって十分に高地順応ができてから行くべきだとガイドブックに書いてあったので、この方面は旅程の最後にした。

パンゴン・ツォへ向って進んで行くと、やがて周囲は雪景色となっていき、チャン・ラという峠を越える。ここはカルドゥン・ラとほとんど変わらない高さで、峠にあるカフェの看板に「世界第二の峠、一七六八八フィート（五三九一メートル）」と書いてあるが、あまりあてにならない。ウィキペディアには五三六〇メートルとあるが、これもあてにならないらしい。とにかく五〇〇〇メートルを超える高所であることはまちがいないので、写真を数枚撮ってさっさと越える。

峠を越えて進んで行くと、道路脇に寒々しい草原で黒く毛深いヤクが草を食んでいるのが見える。ナムギャルさんが「あれを見て」と指さす方にマーモットがいるのが見える。

標高4200メートル、天空の湖パンゴン・ツォ

車を停めると、マーモットがぞろぞろと車へ寄ってくるではないか。来てくれるのはうれしいけど、観光客が餌付けしちゃったんだな。

峠を越えて七〇キロほど走り、パンゴン・ツォに到着する。レーから一五〇キロぐらいなので、寄り道せずに来れば五時間で来られる近さだ。レーから日帰りする人も多いらしい。こんな近いところにあったのに昔はその存在さえぜんぜん知らなかった。今は道路の拡張工事をやっているので、数年後に完成したら三時間ぐらいで行けるようになるだろう。

パンゴン・ツォは標高四二〇〇メートルの高地にある、まさに天空の湖だ。周りはまったく木々がない灰色の岩山に囲まれていて、深い青色をした湖面に写っている。空に浮かぶ雲が低い。

今この湖はインド人に大人気の観光スポットになっているらしい。映画『3 Idiots』(邦題『きっと、うまくいく』)にここが登場して人気になった。この映画に出てくるシーンをまねてヴェスパにまたがって記念写真が撮れるように何台も並んでいる。

まだ観光シーズンには少し早かったせいか、われわれ以外の観光客はほとんどいなかった。湖は波もなく静かで、空も湖も青く、岩山はただ岩そのもので、それ以外の雑多なものが存在しない。標高がこんなに高いと、緑豊かな森や、そこに住む動物たちの生命を感じる下界の湖とはまったく違い、まさに雲の上の静寂な世界になるものなんだなと思った。

パンゴン・ツォには一泊した。夜は相当寒いのではないかと恐れていたが、気温はそんなに下がらず、ダウンジャケットがあれば十分なほどだった。宿が意外なほど立派で、清潔な部屋は居心地がよかった。湖の周辺には夏用のキャンプサイトやバンガローが数多く並んでいる。

次の日は、ハンレ・ゴンパへ向かった。このゴンパがあるハンレ村は中国との暫定国境から数十キロと近く、二〇一九年まで外国人旅行者には開放されていなかった。パンゴン・ツォからけっこう遠いのだが、レ

ハンレ・ゴンパ周辺の景色

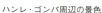

アなところだし、また行けなくなるかもしれないので、とりあえず来てみた。

パンゴン・ツォからハンレまでの道は、周囲は岩山ばかりだが、実に壮大な大自然が広がっている。これまでヌブラやダー・ハヌーで見てきたゴツゴツとした岩山ではなく、岩肌がなめらかで優美だ。斜面が砂に覆われた山もある。そしてときどき裾野が薄く緑に覆われた場所があらわれる。個人的には、僕が見たラダックの風景の中ではここがいちばんよかった。

ハンレの村には「ホームステイ（民宿）」という看板を掲げた民家が何軒もあった。小さい村なのに民宿が何軒もあるのは、僻地の割にここを訪れる人が多いのだろう。

意外といってはなんだが、ハンレ・ゴンパは想像以

ハンレ・ゴンパ

上に壮大で立派だった。高さ数百メートルの岩山の上にそそり立つ白亜の殿堂という感じだ。一七世紀、村も何もないところにこのゴンパが建てられ、そのおかげで行き交う人々が立ち寄って村ができたという話である。ゴンパの内部はあまり公開されていなかったが、この小高い岩山の上から見る眺望は絶景だった。

当初はハンレ村に泊まる予定だったが、パーミッションに外国人の宿泊は禁止と書かれてあったので、急遽来た道を引き返してチュマタンという村へ。パンゴン・ツォ、ハンレとネットはぜんぜんつながらなかったが、ここまで帰って来るとインド軍の施設が近くにあるせいか、スマホのアンテナが全部立ってネットがよくつながった。ここはなんと川に温泉が噴き出ていて、ゲストハウスにも共同の温泉風呂があった（しかし入れなかった）。

温泉が湧き出る川は細い川だったが、インダス川の源流だった。ダー・ハヌーでザンスカール川とインダス川が交流する地点があったが、そこではすでに川幅が一〇〇メートル以上あったが、このチュマタンではせいぜい二〇〜三〇メートルほどの小川だ。この小さな流れがゆくゆくパキスタンの大地を三〇〇〇キロも流れ下ってアラビア海に注ぐ大河になるわけだ。

次の日にまた壮大な風景の中を走って、二つ目の湖ツォ・モリリに到着する。ここは平均標高四五〇〇メートルだ。

きれいに晴れて気持ちのいい青空が広がったおかげで、ツォ・モリリの湖面は明るく鮮やかな青色をしていた。パンゴン・ツォよりもさらに何もない。湖と岩山と空。それしかない世界だ。

湖の周囲は、すぐそこに雪山が迫っていて、慣れた人なら雪山の中腹ぐらいなら簡単に行けそうな感じがしてくるが、なにしろ四五〇〇メー

トルの地点で見ているのだから、イメージより実際の高さは高いだろう。湖から一〇キロほどの地点はルンサル・カングリという山の頂上だが、そこで六六六六メートルあるらしい。かなり高いが、ここから見たらたった二〇〇〇メートルだ。

ナムギャルさんがあっちに鳥がいるという。ここには毎年、夏には渡り鳥がやってくるらしい。指さす方を見ても、小さな影が微かに見えるだけで鳥かどうかもわからないが、カメラの望遠レンズで撮影すると、それはツルだった。オグロヅルであるらしい。湖と岩山と空しかないと書いたが、あっちのほうには渡り鳥が生息できるみずみずしい湿原が広がっているそうだ。

ツォ・モリリの宿でも血中酸素濃度を計測した。これまでおもしろがって何度も計測し

ていたが、徐々に身体が高地に順応してきたのか、数値はだんだん上がってきていた。ここでは八〇台だ。それでも日本なら酸素吸入器が必要なレベルだそうだが、ナムギャルさんを計ったら、さすが地元民、しっかり九〇台をマーク。同行した友人はいつも他の三人より数値が高かったが、彼女はヨガをやっていて、日頃からゆっくりと呼吸することを心がけているそうで、彼女のいうとおり計測する前に何回か深呼吸すると、数値はいくぶん高くなった。ゆっくり呼吸すると身体に酸素を取り込めるようだ。

ツォ・モリリを離れてレーへ帰る。途中で車がパンクして、修理する道具がなくて困っていたら、通りがかった若者たちが修理道具を貸してくれたので応急処置をほどこせた。

実はパンクはこのツアーだけで三回目だ。よくなっているとはいえ、まだあちこちに未舗装の悪路も残っていて、車には相当な負荷がかかるようだ。数年使った車かと思っていたが、半年ほど前に買った新車だという。ラダックの高地を走りまわっていると、タイヤの減りが早く、車体も傷むのだろう。

パンク修理を手伝ってくれた若者たちは陸上競技の選手で、ここへは高地トレーニングのためにきているという。四〇〇〇メートルの高地トレーニングとは驚きだ。あんまり標高が高すぎるのもよくないらしいが、日本の選手がよく高地トレーニングをしているコロラド州のボルダーは標高一六五〇メートルなのでその倍以上だ。

旅が終わる

三九年ぶりのラダック旅行が終わった。全行程で車をチャーターしたので、以前行くことができなかった広大な地域を、わずか三週間でまわることができた。もう一度来られるという保証はないので、後悔のないように行けるところはできるだけ網羅するという欲張ったツアーだったが、高山病にもならず、無事に終了できてよかった。

レーに帰ってくると、まるで大きな都会にいるような気分だ。ホテルもレストランも、カフェも土産物屋もたくさんあって、実に快適だ。快適すぎて数週間いてもいいぐらいだ。ただ、最後に兄がノラ犬に咬まれるという事件が起きた。軽く咬まれただけだが、傷が付くぐらいは咬まれたので、狂犬病の予防接種を打たなければならなかった。レーはノラ犬が多いので、その点だけはけっこう危ない。街の病院で注射を接種したら無料だった。ここでは狂犬病の治療は国が負担しているそうだ。

この章の初めにも書いたが、ラダックはインドではない。今回もそのことをつくづくと感じた。言葉や食などの文化が違うのはもちろんだが、森林限界線を超える標高四〇〇〇メートルの高地で暮らす人々の世界は、下界の生活とはなにか根本的に違う。

乾燥した薄い空気と強い日差しは、なにもかもを鮮明に浮かび上がらせ、距離感が短くなる。深い青空やぽっかりと浮かぶ雲が、手が届きそうなぐらい近くにある。風は清涼で冷たく、足下の影はくっきりと黒い。世界の見え方がぜんぜん違う。それが高度四〇〇〇メートルにあるラダックだ。

おそらく今後もますますラダックの人気はあがっていくだろう。空港も大きくなり、道路もどんどん整備されていく。三九年前は歩いて行くしかなかった秘境ザンスカールにも道路が通ったが、さらにレーからもっと簡単に速く行ける道路が開通したそうだ。こうやってラダックがどんどん観光開発されていくのはいいことなのかよくないことなのか簡単にはいえないが、いつまでも温かく迎え入れてくれる人々がいるラダックであってほしいと願っている。

ミーナー画を探して

ミーナー画はどこにある？

ミーナー画を探し求めて、インドのラージャスターン州を旅した。ラージャスターン州の中央部から南部にかけてミーナー族という先住民が居住しているが、彼らは家の土壁に美しい画を描く。それがミーナー画だ。

しかし、広いラージャスターン州のどの村にあるのかはわからない。ネットでミーナーの壁画を検索すると、いくつかの大きな街の周辺の村々にあることだけは判明した。とりあえずその街まで行き、あとは地元の人に聞くしかないだろう。かなりテキトーではあるのだが、とにかく行かないことには何も始まらないので出発することにした。

二〇一六年一一月七日、中国南方航空機で羽田空港を飛び立ち、広州にトランジットで立ち寄った。広州白雲国際空港は、予想どおりモダンで立派な空港だった。最近の空港はみんなこんな感じなので、どの国にいるのかわからなくなりそうだ。

待ち時間が一二時間もあるので、航空会社はホテルの部屋をくれた。与えられたホテルは広州華鉅君悦酒店という五つ星ホテルだ。僕が泊まったことがある中国のホテルではもちろん最高級。三二年前に初めて行った中国では、古い高級ホテルのドミトリーに泊まったことがあったが、個室に泊まったのは初めてである。そういう僕がこのホテルを評価しても、読者の参考にはならないだろう。無料で泊まっているし、立派で文句のつけようがない。夏は館内でも蚊が多くて困ったとか、飯がまずかったとか感想がネットに書き込まれている。僕はフロントの応対がちゃんとしているだけで感心してしまう。

翌朝六時に広州を飛び立ち、昼ごろにニューデリーに到着した。広州ほどではないが、ニューデリーのインディラ・ガンディー国際空港も昔に比べればずいぶん立派になった。二〇一〇年に新ターミナルが完成し、イミグレーションのブースも増えている。

この旅で僕はビザを取らずにやってきた。日本人は空港で三〇日滞在できるアライバルビザを取得できることになっていたからだ。その窓口へ行ってみると、いくつもあるブースには係員が誰もいない。この時間帯には日本からの直行便がないので、どうせ日本人乗客は来ないから今はいなくてもいいと考えたのか？　確かにわれわれ以外の日本人は見当たらない。

あちこちに声をかけたら係員がやってきたが、今度はブースにアライバルビザの申請用紙がないという。それを探しにいってまた待たされ、ようやくビザを取得できた。待たされはしたが空港でビザが取れるのはありがたい。とはいえ、場合によっては三時間もかかったという人もいるので、やはり前もってビザを取得しておいたほうがよさそうだ。

　空港のビルを出ると、タクシーの客引きから声がかかってくる。以前はこのタクシーがくわせもので、多くの旅行者が被害に遭っていた。法外な料金をふっかけてきたり、目的のホテルに連れていかないなどトラブルが多く、インド旅行で最も厄介なのが、この空港から街へ行くことだといわれていたほどだ。

　だが、二〇一一年ついに空港からニューデリー駅までの地下鉄デリー・メトロ（オレンジライン）二二・七キロが開業した。およそ二〇分でニューデリー駅に着く。以前とは比較にならないほど便利で楽だ。これで空港にた

デリー・メトロ

むろしていた悪質タクシーが撲滅されることを切に願う。

きれいでモダンになった空港から地下鉄に乗ると、インドも変わったんだなあと感じる。地下鉄の駅に入るとき、X線による荷物検査があるのはずいぶんものものしいと思うが、それ以外は東京とさして違わない。あたりまえだがインドだって変わるのだ。

だが、そういう感覚は地下鉄の駅を出るまでのことだった。

ニューデリー駅に着いて階段を上り、地上に出ると、まったくの別世界がそこに広がっていた。いや、以前と少しも変わらないインドというべきか。

いやー、やっぱりインドだよ。

地上に出た途端に小便の臭いが鼻につき、荷物を抱えた人々が右往左往し、オートリキシャやバイクや車がけたたましくクラクションを鳴らし、薄汚れた野良犬がうろついている。ぜんぜん変わってないねえ。いや、よく見ると新型の車もあれば、サイクルリキシャのデザインもちょっと変わってる。ニューデリーの駅舎も新しくなっている。

だが、この雰囲気は昔とぜんぜん変わらない。いよいよインドに来たぞという感じがわきあがってくる。

目指すホテルは駅の反対側にある。跨線橋を渡るとお馴染みのメインバザールが見えてきた。ここも変わらないなあ、などと思いながら、人混みをかき分け、リキシャや車をよけつつ歩いてホテルへ向かう。

正直いってぜんぜん気がつかなかったが、実は二〇一〇年にこの通りの拡張工事が行なわれたらしい。一見すると店の並びもたいした違いはないし、昔からあるホテルもそのまだし、拡張された感じがぜんぜんしない。

ただ、メインバザールの店が路地にまで増殖し、バザールの規模が大きくなっている。以前は、日本人の溜まり場宿だったハニー・ゲストハウスへ続く路地には、たいして店などなかったが、今はそこにもずらっと店が並んでいる。

そしてなつかしのハニー・ゲストハウス（のちにウプハール・ゲストハウスになる）は今も健在だった。名前はラーマン・パレスに変わっているが、いまだに安宿だ。

メインバザールを歩いていて不思議だったのは、牛の姿が見えないことだ。いったいどうしたのだ。

ホテルの人に聞くと、牛は追っ払われたという。後日、メインバザールやコンノートプレースを歩きまわったが、確かに牛の姿はほんとど見えない。ほとんどというのは、メインバザールに一頭だけ子牛がいるのを見たからだが、それ以外はぜんぜん見あたらなかった。何度追放されても戻ってくるのがインドのならいだが、果たして今度はどうだろうか。

夕方に旅行会社で二〇〇〇米ドルを両替する。一三万二〇〇〇ルピーになった（一ルピー＝一・六円／二〇一六年一一月現在）。一度の両替にしては額が大きいが、これから一か月間おもに田舎をめぐることになるので、銀行を探して何度も両替するのは面倒だ。それにニューデリーの方が田舎よりレートもいい。

ミーナー画ってなに？

冒頭で書いたように、今回のインド旅行の目的は、インド先住民であるミーナー族の壁画を見ることである。インドにはさまざまな部族に属する先住民が一億人以上いるといわれる。彼らは三五〇〇年前、インド亜大陸にアーリア民族が進出してくる前から住んでいた人々で、彼らの描く壁画にはヒンドゥー教とは異なる先住民独自の神話世界や生活が描かれている。ラージャスターン州に住むミーナー族もそういった先住民の一部族だ。

僕は一九八〇年代からインド各地を旅してきたが、ある絵に出合うまで、先住民の文化などまったく知らなかった。もちろんインドにはイスラーム教徒もいればジャイナ教徒もキリスト教徒も仏教徒もいる。そういった名が通っている各宗教の文化については見かけることもあれば意識することもあったが、それ以前から存在する文化があることはまったく知らなかった。

そのある絵に出合ったのは、いつだったか正確なことはもう覚えていないが、一九八〇年代中頃のカルカッタ（現コルカタ）だったと思う。インドを旅し始めてすぐのことだ。たまたま路上でヒンドゥー教の宗教画を売っている男から一枚の絵を見せられたのだ。それはまるで素人が描いたような下手な宗教画で、お世辞にもうまいといえるようなものではなかった。とうぜん買うことはなかったが、その下手さというか、素朴さが妙に心に残った。

いったいあの絵は何だったのか。帰国して調べてみると、ビハール州で描かれている「ミティラー画」と呼ばれる宗教画であることがようやくわかっただけだった。

それから何年も放置していたが、インターネットが普及してミティラー画のことを徐々に詳しく調べられるようになってきた。ミティラー画はミティラー地方で描かれる一種の民俗画だった。

そこからインドの民俗画に興味を持った僕は、二〇〇〇年代になってようやく自分が編集発行していた旅行雑誌「旅行人」でインドの民俗画の特集を組むことにしたのだが、このときでさえ僕はまだ先住民のことは何も知らなかった。

それを教えてくれたのは、特集用に書いてもらった方々の原稿だった。そこにさまざまなインド先住民の文化がいきいきと書かれていた。それを読んで、僕はひっくりかえるほど驚いた。

インドには何千年も前の先住民の文化がまだ残っているのか！

まさかインドの民俗画にそんな深いルーツがあるとは夢にも思っていなかったのだ。自分で原稿を頼んでおいて予想外の内容に驚くのは編集者としていかがなものかと思うが、読者としては最高の体験だった。これでインドの見方ががらりと変わったといっても過言ではない。

で、この特集を組むきっかけとなったミティラー画は先住民のものではないというオチもあったが、それ以来、僕は先住民の絵を見に、インドの田舎の村を訪ね歩くようになった。今回の目的であるミーナー族は、毎年ディーワーリー祭（太陽暦一一月頃）の前に、その家の壁に絵を描くらしい。そういった壁画をぜひ見てみたい！

豪商の邸宅街シェカワティ

翌日、列車でシェカワティ地方のジュンジュヌという街に向かった。この地方を訪れたのは、先住民アートとは関係ないが、美しい絵で装飾されたハヴェーリー（屋敷）と呼ばれる豪邸がここには数多く建っていて、その絵を見るためだ。

ジュンジュヌに到着してバスに乗り換え、そのままマンダワへ移動する。ハヴェーリーを見るには、ジュンジュヌ、マンダワ、ナワルガル、ドゥンドロッドの四つの街がいいらしい。そのなかでハヴェーリーの密集度が最も高いというマンダワにまず宿泊することにした。

ここでわれわれが宿泊したハヴェーリーホテルはダブルで一泊一四〇〇ルピー（約二三四〇円）なので、豪華なホテルというわけではない。それどころかお湯もろくに出ないよう

安宿だが内装は立派

な安宿並の設備である。だが、建物の外壁のあらゆるところがびっしりとカラフルな絵で覆われ、見た目は実に美しい。外国人の団体客もひんぱんに見物にやってくるが、たぶん彼らは設備のいいところに泊まっているのだろう。

なぜシェカワティに、このような豪勢な邸宅が密集しているのだろうか。

シェカワティはジャイプル藩国の属国の一つで、シルクロードの貿易拠点として栄えた地域だった。イギリス植民地時代に鉄道が発達すると、ラクダによる通商は衰退し、この地方に住んでいたマールワーリー商人たちはボンベイ（現ムンバイ）やカルカッタ（現コルカタ）に拠点を移す。そこで海運業などでさらに富を築いていく。そういった商人たちが故郷のシェカワティに美しいフレスコ画で装飾した絢爛豪華なハヴェーリーを建てたのだ。

一八世紀ごろの建物が多いという。

シェカワティは日本ではあまり知られていないのかと思ったが、日本語でも声がかかってくる。学生を名乗るガイドだ。

「ハロー、ガイドはいかがですか？」

「いや、ガイドはいらないよ」

「ノーノー、私は学生です」

古典的すぎるよ、君。まだこんなうっとおしいのがここにはいるのか。

観光地なのでガイドを生業とするのは別に悪いことではない。ガイドがいないと、一般の人が住んでいるハヴェーリーの内部を見物できないらしいので、そういうのを見たければガイドを雇う必要があるのだが、どうもこういう「学生」は苦手だ。

歴史的な建物はけっこう美しいし、散歩するのにはいい街なのだが、ツーリストずれした連中に出くわすのがいやになって、マンダワに二泊してシェカワティを出ることにした。

紙幣廃止問題勃発

次の目的地はトンクという街である。ここはガイドブックに出ていない見どころなど何もない街だ。このトンク周辺にミーナーの村があるらしい。というか、このトンクがあるラージャスターン東部から南部にかけての全域がミーナーの居住地域なのだ。だからトンクでも他の街でもいいのだが、とりあえずホテルがありそうなこの街を目指すことにした。

マンダワからまずバスでジャイプルに行き、バスを乗り換えてトンクへ。乗り継ぎの待ち時間もほとんどなく、順調にトンクに到着した。

トンクはほこりっぽくて騒音の激しい街だった。車やバイクがひしめいている。ビービーと激しく警笛を鳴らし、ほこりを舞いあげ、ゆっくり歩くこともできない。のんびりした田舎町を期待していたが、こんな街に滞在する気にはとてもなれない。

われわれがバスを降りたバススタンド周辺は、街の南東の外れにあり、幹線道路と接していた。街の中心部はどこかと聞くと、バススタンド周辺がそうだというが、どうもそうは思えない。オートリキシャでたぶん中心と思われるサークルまでいってみたが、車やバイクがひしめき合って、やはりうるさくてほこりっぽいばかりだ。

ホテルはなかなか見つからなかった。今はインドの結婚シーズンなので、手ごろなホテルは満室だと断られてしまった。ようやくバススタンドのそばに一軒見つけたが、安宿並のホテルなのに料金は八〇〇ルピーとニューデリーより高く、Ｗｉ－Ｆｉもない。

そこで問題が起きた。前払いの料金を払おうとすると、宿の主人が、その紙幣は古いから受け取れないというのだ。

「なんで？　古くないよ。ニューデリーで替えたばかりで、新品のお札じゃないか」

「そうじゃない。この五〇〇ルピー札は使えないんだ。知らないのか？　三日前に政府が五〇〇ルピーと一〇〇〇ルピー紙幣を廃止したんだ」

「ええ？　それほんと？　だって今までこのお金で支払ってきたよ」

「二日間は列車とかバスでは使えたんだ。ガソリンスタンドや病院も猶予期間があった。だが今はもうダメだ。誰もこの紙幣は受け取らない」

「そんなことといったって、僕はこれしか持ってないよ」

「銀行で両替するしかない」

「ちょっと待ってよ。いくらなんでも、たった数日でいきなり使えなくなるような紙幣廃止はないでしょう」

「それでみんな困ってる。しょうがないから今回はこれで受け取るよ」

いったい何が起きたんだ。僕にはさっぱり事情がつかめなかった。このホテルのオーナーは英語が流暢に話せるわけではないので説明がわかりにくい。ホテルにはネットもなく、周囲に英語で説明してくれる地元の人は見当たらなかった。

とにかく今持っているお札が使えなくなったらしい。しかし、常識的に考えて、流通している紙幣をたった数日で廃止するなんてことを政府がやるだろうか。そんなことをしたら大混乱に陥るではないか。

そこで、はたと思い出した。そういえば、バスの窓から銀行に大勢の人々が群がっているのが見えた。なんであんなに詰めかけているんだろう、給料日なのかなとのんきに考えていたのだ。あれは両替に押し寄せた人々だったのか。ガソリンスタンドでも何台ものバイクが詰めかけていたが、あれも紙幣が使えなくなる前にガソリンを入れようとする人々だったのだ。

これはやばいよ。ほんとに持っているお札が紙くずになりそうだ。

さて、どうしたものか。

いかんせんここでは情報が少なすぎる。ネットがつながれば状況もわかるのだが、ここにはネットもツーリストインフォメーションも英字新聞もなければ、旅行者もいない。まるで状況がつかめない。

道は二つある。

一つはジャイプルに戻る道。ジャイプルなら観光客がたくさんいるからツーリストインフォメーションがある。ネットもつながる。最も確実な道だ。

しかし、ジャイプルに戻ったら、またこっちへ来るのは手間だ。このときも僕はまだ、いくらなんでも紙幣の即時廃止など常識的にあり得ないと思っていた。ここのホテルのオヤジ一人の情報だけを鵜呑みにはできない。ジャイプルに戻って、いやしばらくは古い紙幣も使えますよなんてことになったら時間も金も無駄だ。あわてるのはよくない。

とはいえ、この騒々しくてほこりにまみれたトンクに滞在する気にもなれないので、われわれは次の予定地サワーイー・マードプルに進むことにした。

サワーイー・マードプルで壁画探し

トンクからバスで三時間、サワーイー・マードプルに到着する。日本にいたときはサワーイー・マードプルなど聞いたことがなかったので、観光客などいないラージャスターン州の田舎町だろうと思っていた。ところが、それはとんでもないまちがいだった。サワーイー・マードプルは立派な観光地だったのである。

いったいこんなところに何があるのか。多くの観光客がミーナーの壁画を見にやってくるわけではもちろんない。

実はすぐそばにランタンボール国立公園があり、そこはベンガルトラが棲息していることで知られているそうだ。このトラを見に多くの観光客がサワーイー・マードプルにやってくるのだ。観光地といっても土産物屋がずらりと並ぶような通りとか、ディスコや飲み屋があったりするわけではないが、ホテルも大小取りそろえて数多く、オベロイホテルまであるほどで、相当な観光地だといっていいだろう。

サワーイー・マードプルには新市街と旧市街がある。新市街には鉄道駅、商店街などがあり、その線路の反対側には、中級~高級ホテルが建ち並ぶ通りがある。旧市街は活気があるが、ホテルは見当たらなかった。サファリにもどこにも行かず新市街だけに滞在したら一日で飽きることまちがいない。

しかし、今はそんなことはどうでもいい。一三万二〇〇〇ルピー分の紙くずをなんとかしなくてはならない。とにかく銀行に行ってみよう。リュックを担いだまま、バススタンドのそばにある銀行に入った。そこで銀行員に話を聞くと、

「ここでは両替はしていません。ちょっとこっちへ来て下さい」

そういって彼はわれわれを外へ誘導すると、銀行の前に停まっていた車に声をかけた。

「この車に乗って下さい。彼が両替できる銀行に乗せていきますから」

親切にもわざわざ車に乗せてくれて、数キロ離れた銀行へと連れていってくれた。運転していた男も銀行員で、銀行の前には多くの人々が列をなしていたが、その列を無視して銀行のなかまで導いてくれた。

「やっぱり今の五〇〇ルピーと一〇〇〇ルピー札はもう使えないんですか?」

「使えません。だから持っている高額紙幣はここで両替して下さい。ただし一回で四〇〇〇ルピーまでです」

「え? 四〇〇〇ルピーしかできないんですか? もっとたくさん両替してもらわないと本当に困るんです

サワーイー・マードプルの銀行の前には長蛇の列ができていた

けど」

「四〇〇〇ルピーまでと通達がきていますので無理です。もっと両替が必要なら他の銀行に行ってください。そこでまた四〇〇〇ルピーが両替できますから」

やっぱりトンクのホテルでいわれたことは事実だった。われわれが持っている一三万二〇〇〇ルピーはこのままだと紙くずにすぎないのだ。なんたることか。かなりまずい状況だぞ、これは。

とにかく二人合わせて八〇〇〇ルピーを小額紙幣に両替してもらう。とりあえず八〇〇〇ルピーあれば四、五日は大丈夫だろう。

「ここを出ると、あのサークルの向こう側にパンジャブ銀行があります。そこでも両替をやっていますから、そっちへ行ってみてください」

「ありがとうございます」

親切な銀行員に礼をいい、そちらへ向かっていると、車に乗った男が声をかけてきた。

「ハロー、ホテルを探しているんですか？」

「いや、銀行に両替しに行くところです」

「ホテルは決まりましたか？」

うーん、こんなときにうっとうしい奴！　といつもなら無視するのだが、次に男はこういった。

「私は銀行員と友だちだから、うちのホテルに泊まったら両替できるようにしてあげますよ」

こんなときにいかにもインチキ臭い、と思うところだが、その男は身なりも立派な紳士風で、そんなに怪しい感じがしない（小川京子の感想）。

「ホテルの予算はいくらですか？」と紳士が聞く。

「一〇〇〇ルピー以下です。それを高額紙幣で払えるのなら検討します」

「ノープロブレム。それじゃ車に乗って下さい」

というわけで、パンジャブ銀行の数メートル手前で、われわれはホテルの車に勧誘されて、町外れのホテルに宿泊することになった。一泊一〇〇〇ルピー（一六〇〇円）を高額紙幣で払えるのならありがたい。ホテルでの食事もすべてそれで払えるのも魅力だった。

ホテルに荷を下ろし、ネットにつないで、ようやく事の真相が判明した。八日夜、モディ首相がテレビで演説し、五〇〇ルピーと一〇〇〇ルピー紙幣を廃止すると宣言した。宣言の四時間後にこの紙幣は失効すると発表したらしい。銀行も両替屋も閉店した夜に発表して、夜中に紙くずになるのでは誰も手の打ちようがない。僕が両替したのは発表の数時間前である。これほど最悪のタイミングがあるだろうか。いったいなぜ僕はこんな日にのこのこインドへやってきたのかね。

その日以来、インドは大混乱に陥っているらしい。インドにいるのに、陥っているらしいとしか書けないのは、僕がいる田舎の街の様子に特に変わったところはないからだ。混乱しているのは銀行の前だけである。

しかし、人々は困っていた。当然である。持っているお金が紙くずになったら誰だって困る。新聞を見ると、ニューデリーやムンバイといった大都会の銀行では、田舎とは比較にならないほど長い列の写真が掲載されていた。

銀行へ通う日々

さて、困っているのはわれわれ外国人旅行者も同じだ。前にも書いたように、銀行で一回に四〇〇〇ルピー分、高額紙幣から小額紙幣、あるいは新札に交換してくれるのだが、僕は前述のように一三万二〇〇〇ルピーも持っているのだ！　妻と二人で一七回も銀行に行かなくてはならない。そんなことをやっていたら、インドに両替に来たようなものだ。途方に暮れるとはこのことである。

ホテルのオーナーは銀行に友だちがいるから、なんとかするといって、車に乗せて銀行に連れていってくれた。そこにはわれわれと同じような外国人旅行者も列に参加している。そこに（銀行員の友だちだからという理由で）割り込ませてもらって両替してもらったが、やはり一人一回四〇〇〇ルピーしか替えてもらえなかった。

列に並んでいたイギリス人に、「大変なことになりましたね」というと、その男は「私は八日の夕方にデリーに着いて、空港で二〇〇〇ポンド両替したんだよ。そしたら数時間後にぜんぶ紙くずだよ」という。二〇〇〇ポンドといえばおよそ三二万円だ。お互い大変ですねえ。

これで小川京子の分と合わせて合計一万六〇〇〇ルピーをゲットした。残り一一万六〇〇〇ルピー。うー、気が遠くなりそう。

次の日から、まず銀行に行き、両替をしてから観光。観光を終えたらまた銀行というスケジュールで動くことになった。どの銀行も大勢の人が並んでいるので、それを見るだけでひるんでしまうが、そんなことはいっていられない。

結局サワーイー・マードプルでは合計七回両替した。七回目のときは一度の両替金額が四五〇〇ルピーに引き上げられたので合計五万七〇〇〇ルピーを換金できた。残り七万五〇〇〇ルピー。

だがそれからまたルールが変わった。一度両替した銀行は最低一五日たたないと両替できなくなってしまったのだ。となると、もうサワーイー・マードプルで両替できる銀行はないということになる。うーむ、困ったな。

がっかりして銀行を出ると、なんなら両替するぜと、若い男が声をかけてきた。一〇〇〇ルピーの札束を目の前にちらつかせながら、一〇〇〇ルピー札を七〇〇ルピーで買い取るという。そういうブラックマネーをなくすのにこっちは苦労してるんだよ！

この頃になると、ようやく新しい二〇〇〇ルピー札がこちらにもでまわるようになった。しかしもうこの街で両替できる銀行はもはやない。

そろそろここを去るときがやってきたようだぜ。

ちなみに、このとき出た新二〇〇〇ルピー札は、八年後の二〇二四年に廃止された。

ミーナー画を発見！

紙幣廃止騒ぎでその話ばかり書いてしまったが、両替の合間にもちろんミーナー画探しも行なっていた。

ここでは壁画のことを「マンダナ」と呼んでいるらしいが、どうやればそのマンダナを見ることができるのか。

探し方はいつもと同じで、サンプルのマンダナをプリントアウトして、「こういうのどこにあるか知りません？」と誰かに聞いてみるだけである。この周辺にはたくさんあるはずなので、誰かが知っているだろう。とりあえずホテルのマネージャーに聞いてみる。

「われわれはトラには興味がないんだけど、こういうマンダナを見たくてここまでやってきたんだ。どこにあるか知りませんか？」

マネージャーは写真を見て、「ああ、これなら郊外の村にある。うちから車をだそうか」と、あっさりと場所が判明してしまった。

ホテルで車をチャーターしてもらうとかなり割高になる。それはわかっていたが、ここで支払う限り旧高額紙幣を受け取ってもらえるのでお願いすることにした（後日、他の都市でも車をチャーターしたが、結局ここがいちばん安かった）。車といってもオートリキシャだ。サワーイー・マードプルに到着した初日の午後からまず北東の村をまわることにした。

メインストリートから横の小道へ入ってしばらく走ると、すぐに赤い土壁の家が見え始めた。そして、その家の壁に絵が描かれているのが見えた。

ミーナー画があった！

ネットで見た写真の壁画は、すべてを埋め尽くすようにびっしりと描かれていたが、こうやって初めて見た実物は余白がたっぷりある絵が多い。たぶん村によって、あるいは描く女性によって描き方はそれぞれ異なるのだろう。

村の半分以上の家で壁画が描かれている。クジャクやトラをモチーフにした絵が多い。これらの絵は、ディーワーリーというヒンドゥーの新年を祝う大きな祭りの前に描かれる。描くのはその家の女性たちだ。

一見するとシンプルな図柄だが、それらは長い年月にわたって連綿と描かれ続けてきた

サワーイー・マードプルで初めて見たミーナー画

ミーナーはで最もよく描かれる木、クジャク、トラ

もので、誇張表現、あるいはデザインがスタイルとしてきっちりと決まっていた。描く女性によって細かなところで多少の違いはあるが、絵柄そのものの描き方はどの家も共通している。描くものと、絵柄の数、絵の置き方にそれぞれ違いがある。

赤く丁寧に塗られた土壁の家はそれだけでも十分美しいが、そこに白いチョークの粉を溶いた絵の具でマンダナが描かれると、色の対比も鮮やかで、美しさに華やかさが加わる。

絵は壁画だけではない。「ランゴリ」と呼ばれる吉祥紋——主に花の絵が土間や室内の床に描かれている。土間にしつらえた

ランゴリ（サワーイー・マードプル）

かまどにも装飾が施され、家全体が華やかな絵で飾られている。

村のなかは街よりよほど清潔で居心地がよさそうだ。家の前は二〇センチほど高いタタキになっていて、外にも土間があるような雰囲気だ。たいていそこにかまどがある。中庭も土で固められていて、きれいに掃き清められた庭にもランゴリが描かれている。家のまわりに植えられた木が木陰を作り、涼しい風が通りすぎる。家の敷地内には必ず牛がつながれていて、村人は文字通り牛といっしょに生活している。

騒々しいクラクションもほとんど聞こえず、ときおり牛や犬の鳴き声と、子どもた

ランゴリ（サワーイー・マードプル）

ちの騒ぐ声が聞こえるばかりだ。こういうところにちょっとしたゲストハウスがあればいいのにと思う。サワーイー・マードプルに着いてすぐに美しいマンダナを見られて、旅の目的としては上々の成果だった。

次の日は、同じオートリキシャでサワーイー・マードプルの西へ向かった。ホテルのマネージャーによれば、そっちの村の方がもっと美しい絵が数多く見られるらしい。リキシャで向かう途中にも立派なマンダナの家があり、リキシャを停めて撮影しながら一時間ほどで目的の村に到着した。すると、子どもたちがいっせいに押し寄せてくる。これがまたうるさいことこのうえない。見慣れない外国人がやってきたので興奮しているのだろう。サワーイー・マードプルにはあんなに大勢の外国人がいるのに、たった数十キロ離れるだけで外国人が珍しい存在になってしまうのだ。

その村のマンダナもすばらしかった。なによりマンダナが描かれた農家のたたずまいがいい。小さな敷地に土で固められ、ランゴリで装飾された中庭や土間がある。木陰で村人が座り込んでのんびりと昼寝をしたり、食事を作ったりしている。今は農閑期なのだろうが、街の喧騒とは対照的だ。

若い女性が描いたミーナー画。伝統的な図案から進化して、彼女自身のオリジナリティが表現されているように見える。サワーイー・マードプルで最も好きな絵だったが、こんな素晴らしい絵も翌年には消されてしまう

時間はまだあったので、リキシャの運転手が付近でマンダナのある家がないか村人に尋ねてくれ、他の村も見物できたので、かなり多くのマンダナを見ることができた。

ホテルに帰ってチャイを飲んでいると、ホテルの従業員でプレムという若い男が「村にマンダナを見にいっているんですか？」と聞いてきた。そうだよと答えると、自分の家はここから五キロほどのところにあるカレラという村だが、母も壁にマンダナを描いているという。

「プレム君はミーナーなの？」

「そうです」

「それじゃ、カレラでは村の家にマンダナがあるの？」

「ありますよ。みんな描いてます」

「そうか、それはぜひ拝見したいね」

というわけで、翌三日目は、そのカレラ村へ行くことになった。オートリキシャで行くとほんの二〇分だ。

カレラ村に着くと、あらかじめ電話連絡してあったようで、門前でプレムの母が笑顔で

牛小屋の奥に描かれたマンダナ。実に伸びやかなタッチ

マンダナの壁とランゴリの床のコンビネーションが美しい

ランゴリが描かれた木陰の場所でひと休み

カレラ村にあったミーナー画。このとき見たもので最大規模の作品

農家の牛小屋に描かれたランゴリ

迎えてくれた。プレムの家は、壁にも床にも中庭にもマンダナやランゴリが数多く描かれていた。プレムの家だけでなく、カレラ村全体が、他の村と同じように数多くのマンダナとランゴリで装飾されていた。

カレラを去ってまだ時間がたっぷりあったので、運転手がまたわれわれをどこかへ連れていこうとした。

「どこにいくの？」

「村のマンダナを見たいんじゃないのか？」

「見たいよ」

「ＯＫ」

運転手は英語をほとんど話さないので、この会話も通じているのかいないのかよくわからない内容をあえて日本語の会話として書いているのだが、だいたいこういうやりとりをしたのち、運転手はオートリキシャをどしどし走らせ

ていった。

着いたのは街のすぐそばにある空港の脇の村だった。街のこんな近くにもマンダナが描かれた村があるのか？　村と空港の脇には大きな道路が通っていて、車がひっきりなしに走っている。これまでとは環境が全然違う。

ところが村のなかに入ると、うるさい幹線道路とはまったく別の世界だった。すっと車の騒音が消え、冷ややかな空気が流れてくる。そしてそこには、今までよりももっと華やかで数多くのマンダナに飾られた家が次々に現れた。

「すごい！」

思わず僕はうなった。こんなところにすばらしいマンダナの村があったとは。

じょじょに村人がわれわれの周囲に集まってきて、写真を撮れ、あっちの壁にも絵があるぞといろいろと教えてく

れる。それに導かれて家の角を曲がるたびに、次々に美しい土壁と絵が姿を現すのだった。幹線道路を車で走ると、木々に隠れて見逃してしまうような村だが、サワーイー・マードプル周辺でまわった村ではここが最もすばらしいマンダナの村だった。

騒々しい大都市ジャイプルへ

サワーイー・マードプルから北へ戻ってジャイプルへ行く。列車でわずか二時間だ。ジャイプルがいかに大きな街になっているかは想像がついていたが、ホテルにチェックインして街を歩くと、そのあまりの大都会ぶりに頭がくらくらしてきた。

うるさいにもほどがある！　と叫びたくなるぐらいうるさい。昔からそうなのだが、とにかくインド人はクラクションをやたらめったら鳴らすので、車やバイクが大幅に増え、混雑が増すにつれてますますその音がやかましくなっているのだ。正直いってこんなところを歩くだけでぐったり疲れる。いつも思うことだが、人々はよくこんな騒音のなかで暮らせるものだ。

三二年ぶりに訪れたが、昔の記憶はまったくない。あったとしてもあまりにも変わりすぎてわからないだろう。今やこのジャイプルでは地下鉄工事を行なっているのだ。

唯一の記憶といえば、ハワマハール（風の宮殿）というジャイプルで最も有名な建物にのぼったことぐらいだ。ラージャスターン州の宣伝にも頻繁に登場するほどの観光名所である。優美で繊細なこの建物は、一七世紀、外出できないお妃様たちが外の世界を眺めるためにつくられたといわれている。面積の広い正面の優美な姿からは想像できないが、なかに入るとかなり薄い（奥行きがない）建物で、上階にのぼると落ちそうで恐いほど狭い通路しかなかった。まるで衝立のような建物なのだ。

せっかくなので一応このハワマハールまでやってきたが、こういう観光名所は何年たってもほとんど変わらない。騒々しい街にいるだけで疲れるので、リキシャをひろってホテルへ帰ろうとするも、またここで料金をめぐって言い争わなくてはならない。まったくもって観光地の大都会にはうんざりする。

聖地プシュカルの休息

うるさいジャイプルを離れ、列車でアジメールへ。そこでバスに乗り換えてプシュカルへ向かう。ここも三二年前に来たことがあるが、ほとんど記憶にないので初めて来るのとたいした違いはない。消えかかった記憶にかろうじて残っているかすかなイメージでは、寺院に囲まれた湖のある静かな聖地だが、まあたぶん今はそんなことはないだろう。しかし、ジャイプルのような大都会ではないのが救いだ。

アジメールの列車駅からプシュカル行きのバスが出るバススタンドは二キロほど距離がある。駅ではオートリキシャが待ちかまえていて、一五〇だ二〇〇だとふっかけてくる。オートリキシャの最初の言い値はいつも一〇〇以上だ。そこを三〇でオーケーという男がいて、連れて行かれたところにあったのはサイクルリキシャだった。漕いで行くのは大変そうだが、二キロぐらいなら普通だろう。ところが半分しか行かないところでここだという。そんなはずはない。僕はこのときタブレット端末を持っており、地図上をＧＰＳがナビしていたので自分の居所はわかっていた。

「ここじゃない。あっちあっち。まだ一キロあるよ〜」

と、リキシャワーラーをせかし、プシュカル行きのバススタンドへ。バスは頻繁に出ているとガイドブックに書いてあったが、ガバメントバスの武骨なバスがタイミングよく出発し、そのままどしどしプシュカルへと進んでいった。

一一キロなのでバスで四〇分ほど。ひとつ山を越えたバスはプシュカルの街外れで停車する。ちょうど午後二時ごろだったのでバススタンドの前の食堂でターリーを食べて腹ごしらえしたところに、怪しい中年オヤジが（大変失礼ながら初めはどうしてもこう見えてしまうんだよなあ。一時間後には普通のいい人だってことがわかるんだけど）、いいホテルがあるよと名刺を差し出してきた。はいはい。ダブルで三〇〇ルピー（四八〇円）。それは安い。Ｗｉ－Ｆｉももちろんある。オートリキシャは無料。もし気に入らなければ他のホテルへいってもいい。というような条件で、そのゲストハウスへ連れていかれて、四〇〇ルピー（六四〇円）の部屋に決めた。八畳ぐらいの広さで、窓からは殺風景な空き地と、大きな観覧車が四つも見えた。なかなか珍しい景色だ。結局そこに三泊したが問題はなかった。

プシュカルはヒンドゥー教の聖地で、街の中心に聖なる湖がある。湖畔にたくさんの寺院が建てられ、沐浴場が連なっている。いかにも聖地らしい光景だ。

その沐浴場に沿って一本の通りがありバザールになっている。いきなり三〇年前のカトマンズのようなヒッピーファッションの店が並んでいる。土産物屋やカフェやレストランもごちゃごちゃ並び、うるさいぐらいにぎやかな観光街に発展していた。

まあ、僕も昔のことはほとんど覚えていないが、こんなミニ・カオサンみたいな通りはなく、静かな湖畔の聖地であったはずだった。ここでいちばん鮮烈に憶えていることは、出窓に置いておいたバナナを猿に盗まれたことだが、今でも猿どもは街の屋根を飛びまわっていた。昔はただの猿だと思っていたが、よく見たらハヌマーン・ラングールだった。サワーイー・マードプルでもしょっちゅう見かけたけど、インドでは神様扱いされて大切にされるので、図にのって悪さがすぎる。

聖地プシュカルの沐浴場は今でもきれいな水がたたえられていた

プシュカルに来たのに特に目的はなかった。この旅程のちょうど半分ほどだったので数日の休養が主たる目的だ。小さな町でないと騒音で気が休まらない。

プシュカルでも銀行には多くの人が並んでいた。このときは旧高額紙幣の引き換えが一人二〇〇〇ルピーに引き下げられていた。僕は新札が印刷されて出まわるようになれば引き換え額をまたあげてくれるだろうと楽観していて、しばらく様子を見ることにした。だが、この予測は見事にはずれ、それから両替事情はますますきびしくなっていった。

ジョードプルでも壁画探し

プシュカルに数日滞在し、またバスで出発する。次の目的地はジョードプル。ここも有名な観光地だが、ミーナーの居住地域のはずなので、ここから南にある村に壁画がないか探してみるつもりだ。

プシュカルから約四時間でジョードプルに到着する。バススタンドから少し歩いてリキシャを拾う。ガイドブックを見てなるべく静かそうなゲストハウスに目星をつけてあった。町の中心部までリキシャで行き、そこから急な坂道をのぼったところに青いゲストハウスがあった。見晴らしのいい部屋が気に入ってチェックインした。

ラージャスターン州には観光都市が多く、このジョードプルもそのなかの一つだ。城塞都市になっていて、城塞のなかの旧市街と外の新市街に分かれている。立派な時計塔が立っていて、そこが旧市街の中心地で、周辺は広場でバザールになっている。旧市街でもここは活気があってうるさいが、そこから奥へ入って行くと路地も狭くなって交通量も減り、いくぶん静かだ。

残りの旧高額紙幣は六〇〇〇ルピー（約一万円）とだいぶ減っていた。廃止宣言直後、交換条件がまだ緩かったころに何度も銀行に通って両替に励んだのがよかった。それに加えて旧高額紙幣で料金を支払えるホテルや買い物に心がけたが、それも早いころの方が融通が利いた。日がたつにつれて、ホテルもお店も受け取らなくなっていった。

さて、ジョードプル近郊に壁画のある家はあるのだろうか。ツーリストインフォメーションで尋ねると壁画はよくわからないという。ここでは「ビレッジ・サファリ」というツアーがあって、それで野生の鳥や鹿などを見たり、村で作られている織物や陶器を見るらしい。野生の動物はあんまり興味がないが、そういうところに壁画の村はないだろうか。

近くにいたタクシーの運転手が英語を話せる男で、そういう壁画はもうほとんど残っていないが、おおまかにそのコースで壁画の村を探しながらでいいならツアー料金で行くというので、それでまわってみることにした。

なかなか村は見つからない。村の数も少ないし、あってもやっぱり石とモルタルでつくった家が多くなっている。サワーイー・マードプルでは簡単に壁画の村にたどり着けたので、これからどれだけたくさんあることかと大きな期待をしてしまったが、ちょっと移動しただけでこんなに事情が変わるとは。

ジャイサルメールで沙漠の家を見る

村の壁画に関しては残念ながらたいした収穫は得られなかったが、ラージャスターン州は広いし、他にまた別のデザインの壁画が見られないものか。沙漠にすむ人々はカラフルで美しいデザインをするし、家もそうやって絵で飾られているのを写真で見たことがある。ひさしぶりにジャイサルメールにも行ってみたい。

というわけで、ジョードプルから朝八時三〇分にバスで出発した。寝台バスだが座席を利用。ジャイサルメールには午後二時一五分着。五時間四五分かかった。ジョードプルからジャイサルメールの道路はまだ建設中で、舗装はきれいにされているが昔の狭い国道だ。これから数年後にはもっと立派で広い道路になりそうだ。

城塞の坂道を上って一軒のゲストハウスに投宿した。一泊六〇〇ルピー（九六〇円）。お湯は午前中しか出ない安宿だが、屋上のレストランにあがると、眼下に新市街の町並みと、それを囲んでタール沙漠が広がっているのが見える。

ジャイサルメールの城塞は丘の上に築かれている。眺望の素晴らしい城塞のふちにこういう安宿のレストランがあるのはなかなかいい。そこから街を眺めていると、この城塞が巨大な船であるような感覚になる。寒暖の差が激しく、昼は真夏のようだが、朝夕は気温がぐっと下がり、沙漠からは涼しい風が吹いてくる。冷たい風が身体にあたると、大きな沙漠のなかをゆっくりと航海している気分になってくる。

ジャイサルメールの旧市街は、町自体がミュージアムといっても過言ではないほど、精緻な彫刻で埋め尽くされた砂岩の建物がたくさん建っていて、その多くはそのまま現代の暮らしに流用されている。新築の場合は街の景観を壊さないように、やはり砂岩を彫刻し

古いお城のような建物に普通の人が住むジャイサルメール

たブロックをはりつけている。聞けば、今では手彫りだけでなく機械でもできるので昔よりは楽になったが、コストはかかるという。景観維持は金がかかって大変なのだ。

しかし、ジャイサルメール近郊の村に関してはあまりいい情報はなかった。石材が採取されるので、この辺りの村は石積みの上に泥を塗って造っていたらしい。その上に化粧土を塗り、さらにその上に白い塗料（白い砂と石灰を混ぜたもの）で絵を描くらしいが、雨のたびに壁の補修をするのが大変で、それを担当する女性の仕事量が負担になっていた。なので近年は四角く揃えた石のブロックを積み重ねたままの家が増えているのだ。その方が家も大きく造れるのだろう。そうなると残念ながら壁画はもう描かれない。

とにかくホテルのマネージャーが運転するインド製ジープであちこちまわってみることにした。

この地方の壁画は、サワーイー・マードプルで見たミーナーのものではなく、デザインも異なる。ジャイサルメールからほど近い数キロのところに、それらしい家があった。そこは近いのでツーリストも来るが、ツーリスト用に造ったわけではないという。三〇〇坪はあろうかという広い敷地を低い塀で囲み、塀のなかに小さな平屋の家が四棟建っていた。

ジャイサルメールでは古い物語の一場面のような風景に出くわす

どの家もブロックか石材を積んだもので、表面を赤く化粧して白い模様を描いている。そういう広い敷地の建物が三軒ほど続いていた。

それから五時間、沙漠を走っていくつかの村をめぐった。多くの家々がすでに土の壁をやめて、四角い石をモルタルで積み重ねた家になっていたが、村のなかの数軒はまだ壁画を残しているところもあった。

訪ねた村は周囲に小さな丘もないような、ただ茫漠とした荒れ地が広がるただなかにある。道路沿いに電線が引かれているので、金さえ払えば電気はすぐに通りそうだが、僕が見た村で電線を引き込んでいる村はな

ジャイサルメールからかなり離れた沙漠の中の家には、草屋根にかわいい花の絵が

かった。皮肉なことに、こちらでは風力発電用の風車が数多く建てられていて、そういった村のすぐそばにもたくさんあるが、自然に優しい風力発電の電気は地元を素通りして他へ送られている。

ラージャスターンの沙漠地帯はやはり気候がきびしい。夏は五〇度を超えることも珍しくない。こんな沙漠でそんな高温になったら動くこともできない。風が吹けば砂ぼこりが舞い上がり、乾いた熱風が吹きつけてくると、ただそれに耐えるだけでも大変だ。

そういう環境のなかで、赤く塗られた壁に、柔らかくデフォルメされた白い絵の家があるとほっとする。土壁の家はそれ自体が曲線をおびてやわらかい優雅さを持っているが、それに代わる四角い石積みの家はどこもかしこもとがっていて武骨である。住むほうの身になればそっちのほうがいいだろうが、泥の家が失われるのは実に残念だ。

ジャイサルメール大返し

どうもこのあたりの沙漠地帯をまわっても壁画はあまり期待できないようだ。ジャイサルメールの次はビカネルに行くつもりだったが、こっちの地域は壁画はちょっときびしい感じである。帰国まで一〇日以上あるから、サワーイー・マードプルがあった州東部地域でもう一度探したほうがいいのではないか。

サワーイー・マードプルにいたときは、どんどん壁画の村が見つかったので、そういう村はこれからどれほどたくさんあるのかと期待したが、あそこのように壁画がたくさんあるところはその後ぜんぜん見つけることはできなかった。だったら、もう一度サワーイー・マードプル方面へ帰ったほうがいい。サワーイー・マードプルの近くにあるブーンディという街へ行くことにした。

ジョードプルからわざわざ西の果てのジャイサルメールまで行っておいて、東のブーンディへ行くのは極めて非効率だ。ジャイサルメール大返しの方向転換だがしょうがない。ジャイサルメールから夜行列車で一二時間かけてジャイプルへ行き、ジャイプルからバスに乗り換えて五時間の長旅となる。

昼は暑いが、朝夕は冷え込むので、夜行列車の二等寝台は風が吹き込んできて寒いだろう。そう思って上着の下に日本から持参したヒートテック二枚を着込み、さらにレギンスで武装してのぞんだが、それでも寒くて眠れなかった。乗客のなかには窓を開けっぱなしにしたまま布にくるまって眠っている人もいる。よく寒くないものだ。僕は付近の窓を数か所閉めてまわった。

ジャイプルからバスを乗り継いでブーンディに到着する。ブーンディはどういう街なのか。小さな街だが、かつては藩王国として栄えたところで、やはり城塞都市になっている。街の北に丘があり、そこには壮大で豪華な宮殿がそびえ立っている。その南麓には旧市街が広がっている。

バススタンドからちょっと歩くと、古い門があり、そのあたりからインドらしいマーケット通りが宮殿にむかって続く。それがなんというか実に昔なつかしいインドのバザール風景なのだ。ニューデリーなどの大都会はともかく、地方都市や田舎にはインドの古い風景を残すところは少なくない、というか、まだまだ古いまま取り残されているところが多い。僕が今回まわったラージャス

城壁の門をくぐって街を行き来する

ターン州では、ジャイプルはもうニューデリー並の混雑ぶりで、近代化がどしどし進んでいた。その次に混みあっているのは人気観光地ウダイプルだろうか。

僕が三二年前にインドを長く旅したとき、インド独特のマーケットの雰囲気に酔いしれたものだ。香辛料や食べ物や、雑多なにおいがたちこめ、割れるような大音響でインド音楽が流され、バイクやリキシャの警笛がうるさく鳴り響く。そんな路地を歩くと、狭い間口で奥行きもわずかしかない三畳ほどのスペースで鍛冶屋が農機具を作っていたり、その横では靴の修理をやっていたり、鍵屋が店中に南京錠を貼り付けていたりと、古い個人商店がずらりと並び、それを見るだけでも楽しかった。

このブーンディのマーケットはひさしぶりにそういう世界に戻ってきた感じがする。

初めてインドに来た1980年代の雰囲気が残るブーンディの下町

ブーンディに来て、小川京子の靴が壊れた。靴底がはがれてしまったのだ。接着剤でくっつけて日本まで持たせるしかないと接着剤を探したが見つからない。靴屋に聞くと、靴の修理なら路上でやっているといわれて、付近を見ると、おお、確かに隅っこの方にいた。

妻が靴とはがれた靴底を差し出し「接着剤でひっつけて」といったが、修理屋の男はしげしげと眺めたあと「縫う」といい、二〇分ほどかけて糸で一周ぐるりと縫い付けてしまった。接着剤よりこっちのほうがむしろ丈夫かもしれない。それで二〇ルピー（三二円）。生活が成り立つのかと考えさせられるような価格だ。

再びミーナー画を探しに

ブーンディに来た目的は、前述のようにミーナー画を

ブーンディの家もカラフルな絵で飾られていた

探すためだ。そこでツーリストインフォメーションに行ってみた。そこの人は（単なる留守番みたいな感じ）何も知らないようで、すぐにどこかへ電話をし、僕に電話を替わった。電話先はガイドで、その人がミーナー画を案内するという。どうやらあてがあるらしい。

次の日にホテルの前で約束の時間にそのガイドは待っていた。

「私は考古学者《アーケオロジスト》です」と彼はいった。「私が発掘した岩絵もありますよ」

岩絵もおもしろそうだが、今はミーナー画が先だ。

「まずミーナー画がある村へ行きましょう。今回はそれだけに集中して」

「OK、OK。壁画ですね。それでは出発しましょう」

われわれを乗せた車は「オムニ」という小型バンで、スズキの軽自動車バンと（エンジンが少し大きいだけで）ほぼ同じだ。四人しか乗らないので余裕があり、田舎道でも車は揺れが少なくかなり楽だ。

車が向かったのは、ブーンディから北東、サワーイー・マードプルの方向である。僕がそっちへ向かってくれと頼んだわけではなく、やはりミーナー画のある村はそちらが多いのだろう。とはいえ、そっち方向に向かいつつ訪れた村や家に、たくさんの絵が描かれているわけではなかった。壁画はほとんどなく床にランゴリが描かれているだけの家が多い。もちろんランゴリの装飾も実に美しいもので、家の前庭から内部へタタキがなめらかに続いていて、そこに花のような紋様の白いランゴリや、段差のふちを飾る白いレースのようなデザインも繊細でかわいらしい。こちらの家も、ジャイサルメール近郊ほどではないが、やはり石材やレンガ積みの家に変わりつつあるようだ。

「まだまだこれからです」

考古学者はわれわれをがっかりさせないように、これからまだすばらしい壁画がありますと宣言した。それから車は田舎道をガシガシと走り

縁取りした白いレースのようなランゴリ

続け、なんとサワーイー・マードプルの方が近いところまでやってきてしまった。

するとぼちぼちと絵がある壁が見え始めてきた。おなじみのクジャクの絵だが、表現の仕方が異なっている。村中の家に絵が描かれているわけではないが、数はどんどん増えてきた。描かれるものもこれまでとは少し違うようだ。

絵を指さして、これはなに？ と聞くと、ネコだという。こういうのはこれが初めてだ。絵もすばらしい。

ミーナー画は土壁に白い顔料を布やハケに含ませて描かれるが、塗った白い顔料が乾く前に掻き落として表現する画法もある。サワーイー・マードプル近郊でも一部はそれが取り入れられていたが、ここでそれを大胆に駆使したすばらしい壁画があった。二羽のクジャクが描かれたこの絵は、僕がこれまで見てきたミーナー画のうちでも一、二を争う傑作だ。線の達者なこと、勢いのある筆致、おおらかなフォルム、どれをと

ネコだといわれた壁画

ってもすばらしい。わざわざここまで来た甲斐がありました。

そして最後の村に立ち寄ったとき、ちょうど絵を描いているところに遭遇した。考古学者が叫ぶ。

「君たちはなんてラッキーなんだ。ディーワーリーのあとなのに、こんなところに出くわすなんて。今どき描かれることは滅多にあることじゃない」

中年の細身の女性が、表面をなめらかに仕上げられた中庭にしゃがみ、庭に絵を描いていた。床に描くのであればランゴリだが、彼女が描いているのは、いわゆるランゴリの花の紋様ばかりではなく、むしろ壁に描かれるような鳥や動物だった。

描いているところをじっくりと拝見。下書きなどまったくなく、床のどこに描くかの印もない。彼女が適

搔き落とし画法が取り入れられたクジャクの壁画

当に判断した場所に、何の迷いもなくハケが置かれ、そこに鳥や花の曲線がすすすと描かれていく。この人、めちゃめちゃうまい！

中庭の絵は未完だが、すでに絵がバランスよく配置されているのはあきらかだった。このシンプルなデフォルメといい、流れるような描き方といい、この人はただ者ではありません。最後にこんなすばらしいものを拝見できて実に幸福であった。

一日置いてその次の日、考古学者の勧めもあって岩絵を見にいくことにした。どこに行っても太古の昔の人が描いた絵はシンプルで美しい。インドにも岩絵が各地にあることは知っていたが、これまで一度も見たことがなかった。いったいどういうものだろう。

今度はオートリキシャで行くことになった。車の方がいいが、十分行けると考古学者がいうので、それなら安いしオートリキシャでということになったのだ。ところが、「十分行ける」という基準がきびしい。まず、オートリキシャでいきなり高速道路を突っ走ったのに驚いたが、その次に、継ぎはぎだらけで凹凸がすさまじい舗装路が延々とおよそ三〇キロ。これをオートリキシャで走るとものすごく激しい振動で、長時間乗るのはかなりつらい。リキシャの上から写真を撮ることはまずできない。そういうときは停めてもらう。

壁の色、ランゴリを青で合わせるセンスがナイス

まったくためらいなく描かれていく絵。この人は紛れもないアーティストだ

そうやってたまに停まらないと身体がもたない。で、ようやくたどりついた渓谷には滝が流れていた。大地がそこでU字型に裂け目をつくっている。U字の上から滝が流れ、両脇の崖には人が住んだ跡があるそうだ。そこからしばらく歩いた岩場の陰にその岩絵があった。この辺りで取れる赤い砂岩を絵具として使用したのだろう。人間や動

村人を襲うトラの絵

おそらく数年前に描かれたマンダナ。このまま消え去っていくのが惜しい

物の生活の様子が数十点描かれていた。なかでも村人を襲うトラの絵はひときわ大きく描かれており、当時の人々にとってトラがいかに大きな存在だったかがうかがえる。

最後に、帰路の途中で道路脇に一軒だけ壁画を発見した。少し消えかかっている古い絵だが、シンプルな形の木に、鳥が数匹とまっている。これまで見たことのない絵柄で、とても美しいフォルムだ。こういう絵がいくつ消えていってしまったのだろう。本来、祭りの前に描かれるものなので、描かれた絵は常に消される運命にあるのだが、描かれなくなるのはまことに惜しく残念だ。ミティラー画やワルリー画は紙に描かれるようになったが、ミーナー画は今のところ消え去っていくばかりだ。

最後に、サワーイー・マードプルの美しい壁画についての残念な話。小林真樹さんの『インドの台所』（作品社、二〇二四年）によれば、小林さんは二〇二三年に取材でサワーイー・マードプルを訪れたが、壁画の村の家は次々にコンクリート製に建て替わっていて、壁画はほとんど消滅していたそうだ。残念だがそれが時代の趨勢《すうせい》なのだろう。

ジャールカンドの奇跡の村

謎の州ジャールカンド

ミーナー画のあと、僕はさらなる未知の壁画を探していた。ネットでいろいろ検索していたら、これまで見たことがない壁画がひっかかった。場所はジャールカンド州だという。

ジャールカンド州。

うーむ、いったいどういうところなのか。何のイメージも湧いてこない。一九九〇年にビハール州から独立した新しい州であり、先住民比率が高いことは知っている。だからこういう絵が描かれている家があるのだろう。だが、ジャールカンド州に関する情報は何も出てこない。旅行者や観光客が訪れることがほとんどない州なのだ。ページ数一〇〇〇を超え弁当箱ぐらいの厚さがあるロンリープラネットのインド編を見ても、ジャールカンド州はわずか一四ページしかなく、しかも州都のラーンチーとその周辺にある国立公園の情報だけ。それもかなりおざなりな。それ以外の情報はゼロだ。これでは何の参考にもならない。

これまでも、先住民の壁画を探すのにガイドブックがあったわけではないが、その近辺にある街や観光地の情報はガイドブックに載っていた。それがジャールカンド州の場合は観光地そのものがないのでラーンチーしか載ってない。夜になるとマオイストが出没し危険なので注意するようにという物騒な情報だけは掲載されていた。マオイストとは「毛沢東主義者」という意味で、ジャールカンド州、オリッサ州、チャッティースガル州、西ベンガル州などのいわゆる「反政府ゲリラ」だ。先住民たちが組織している。

インド各地を訪れたことのある僕だが、ジャールカンド州がどういうところなのかまったく想像がつかない。奥深い森に先住民が暮らしていると書かれているが、そんなところへどうやって行けばいいんだ？　道路は通っているのか？　ラーンチーは州都で大都市なのでホテルやレストランに困ることはないだろうが、それからいったいどうしたらいい？行けばなんとかなるで壁画を探してきたけれど、今回はまったく手がかりらしいものが見当たらなかった。なにしろネットで見つけたたった一枚の壁画が、広いジャールカンド州のどこかにあることしかわからないのだ。

いくらなんでも、それでは茫洋としすぎているので、思いつく限りありとあらゆる単語を検索してネットで情報を探し求めた。

そうやっているうちに、ぼちぼちジャールカンドの他の壁画が画像検索で引っかかるようになり、そこで奇妙な単語が登場した。

「Sohrai」

どう発音すればよいのかもわからないが、これがジャールカンド州で描かれている絵の名前であるらしい。「ソーライ画」とでも呼べばいいのだろうか。

これをキーワードにしてさらに検索を続けた結果、ラーンチーの北にあるハザリバーグにソーライ画を展示している美術館があることが判明した。サンスクリット美術館という名前だ。この美術館のウェブサイトによればハザリバーグ周辺の村に壁画があるらしい。村の名前はわからないが、周辺には様々な部族が住んでいるらしく、そういった部族の村で壁画が描かれているという。グーグルマップを見ると、ラーンチーからハザリバーグへはちゃんと道路も通っているし、ハザリーバーグにはホテルもあることがわかった。

わかったのはそこまでだった。あとは、そのハザリバーグへ行き、いつものようにリキシャかタクシーを雇って壁画がある村を探すしかない。歩いてまわるわけにはいかないので、車が通れる道路があることを祈るのみだ。

ハザリバーグへ

というわけで、二〇一八年一一月、僕と小川京子は中国の北京を経由してハザリバーグへの長い旅へ出発した。東京↓北京↓ニューデリー↓ラーンチーと飛行機で飛び、ラーンチーから北へ約九〇キロ。バスで五時間のところにハザリバーグはあった。東京からここまで二泊三日かかった。

来てみると、ラーンチーは騒々しく、ごみごみして、やたらと人や車やバイクが多い要するにインドのどこにでもありそうな普通の都会だった。もちろんホテルもレストランもたくさんある。問題はこの先だ。密林の中の村なのか、マオイストは出没するのか。

ラーンチーからハザリバーグへ向かう道路は舗

ラーンチー市街

装された立派な道路だったが、九〇キロの距離を五時間もかかるスローなバスでハザリバーグに到着したのは午後八時。すでに日も暮れて真っ暗になっていた。これからホテルを見てまわるのも大変なので、とりあえずバスターミナルのそばにあった安宿に部屋を取った。シク教徒の経営する、あまり清潔ともいえない安宿だったので、次の日にもっといいホテルを探して移るつもりだった。

だが、ここでプロブレム発生。その夜から下痢に襲われたのだ。これがけっこうひどい下痢で、熱も出るし、動くことさえままならない。ハザリバーグに到着して早々に病院通いになる始末で、体調が戻るまで四日が過ぎ去ってしまった。

医者から、刺激的なスパイス料理を避けて、ご飯

ハザリバーグ市街

にヨーグルトをかけて食べなさいといわれたので、ちょっとお高めのレストランへ入ってライス＋ヨーグルトを食べていた。だが、いくらなんでもこれだけでは物足りない。なので、スパイス抜きでスープを作ってもらったが、なかなか回復しない。少しよくなってもまた下痢になる。薬もがんがん飲んでいるし、普通はこれで回復するのだがなんでだろう。

下痢がだいぶおさまったところで村巡りを始めたが、ヨーグルトとご飯なんか食べていられないので、地元のバスターミナルでダルとライスの安い定食を食べた。たった一五ルピー（約二三円）だ。田舎へ来るとまだこんな安く食べられるのか。豆のカレーとご飯という最もベーシックな料理なので、味はシンプルだが、ひさしぶりのダルが実にうまい！それからこういう地元定食に切り替えたが、それで下痢はすぐに治ってしまった。下痢が続いた原因は値段の高いライス＋ヨーグルトせいだったのか！

壁画はどこにある？

さて、いよいよ問題の壁画探しだ。ハザリバーグまでやってきたが、ここは普通のレンガやコンクリート製の家が建ち並ぶ街なので、先住民の壁画の家はありそうにない。ハザリバーグ近郊のどこかにそういった村があるはずなのだが、どうやって探すかだ。

何のあてもないので、とりあえずネットで見つけた例の美術館に行ってみるしかないだろう。リキシャを捕まえて「サンスクリット美術館へ行ってくれ」というも知らないという。それじゃ次のリキシャ。これも知らないという。なんで地元のリキシャが美術館を知らないのか。しょうがないのでスマホの地図を見て、近くでいちばんわかりやすそうな場所を告げて乗せていってもらう。そこからスマホの地図を見ながらおよそ一キロ歩いたところにサンスクリット美術館があった。

美術館は木立に囲まれた古い建物だった。ニューデリーやコルカタで見るような国立、州立の美術館ではなく個人経営の美術館のようで、規模も小さく、入場者もわれわれ以外は見当たらない。

「ごめんくださ〜い」と声をかけながら入っていくと、一人のさわやか系男性が現れた。

「ようこそ！」

「こんにちは。私たちは日本人旅行者なんですけど、先住民の壁画に興味があって、なにか情報がないかと思ってここへ来たんですが」

「おお、そうですか。それじゃ中へどうぞ」

「リキシャにサンスクリット美術館へ行ってくれといったら誰も知らなくて困りました」と僕がいうと、彼は「ハザリバーグのほとんどの人間は、ここのことを知りませんよ」と苦笑いするのだった。

誘われて中へ入ると、パジャマを着た一人の老人が椅子に座っていた。

「ようこそ、当館へ。日本人ですか？　日本人がここへ来たのは初めてですよ」

多分そうだろうとは思ってましたけど。

老人はブル・イマームさんという方で考古学者だという。最初に会った男性がその息子でジャスティン・イマームさん。イマームというとイスラーム教徒の名前だが、先祖がイスラーム教徒だったが父の代でキリスト教徒に改宗したそうだ。

「ハザリバーグ周辺に先住民の壁画があるそうですが、どこへ行けばいいのかわからないので、ここへやってきたのですが」

同じことを僕が繰り返すと、ジャスティンさんはにこやかな顔で、「それは私たちがすべて把握していますので、どこへでもお連れできますよ」という。そして、一枚のパンフレットを見せてくれた。

そこには、いくつもの村の名前と何種類もの壁画が掲載されていて、村々を巡る六つの見学コースが設定されていた。ジャスティンさんが自分の車を運転し、妻のアルカさんと案内してくれるらしい。なんと、すっかり準備が整えられているではないか。

「この六つのコースをすべてまわろうと思ったら六日間かかりますか？」

「うーん、いや、いくつかは組み合わせることができますから、四日あればすべてまわれますよ」

壁画のある村はおよそ二〇あるという。一日の走行距離は二〇〇～三〇〇キロというところだ。かなり広い範囲をまわることになるので、壁画がある村の場所を知っている人が運転する車でないととてもまわることはできない。どう考えたって、これまで自分たちがやってきた方法――タクシーをチャーターして運転手に探してもらうやり方では壁画の村にたどり着くのは難しいだろう。ここではそれをすべてアレンジしてくれるのだ。すばらしい！

ほとんど何の情報もないままジャールカンドへやってきて、いったいどうなることかと不安だったが、ここに来て一挙に問題が解決するとは思わなかった。自分でいちいち探す必要もなく、すべての村へ車で連れて行ってもらえるのだから、これまでの先住民アート探索では最も楽な旅になりそうだ。まったく来てみないとわからないものである。

というわけで、翌日の朝九時から六時ごろまで、ジャスティンさんの運転するタタのコンパクトカーでみっちりまわることになった。

壁画のある村へ

一日目の最初に訪れたのはハザリバーグから北へ五五キロのところにあるドゥジナガル村である。ロンリープラネットには先住民の

ジャスティン・イマームさん

ブル・イマームさん

村は森の奥深いところにあると書かれていたが、それは間違いではない。だが、道もない密林の中にあるわけではなく、車が走れる道路で森を抜けると広々とした田畑が広がり、そこに先住民の村があるのだ。ここの先住民はほぼすべて農業を営んでいるので、村の周辺は耕作地となっている。幹線道路はすべて舗装されており、そこから分岐して村へ入る道がところどころ未舗装という程度だ。

村が見えてくると、さっそく壁画が見えてきた。ドゥジナガル村の絵の特徴は、四角な枠の中に動物や植物が描かれているという点だ。四角な枠は黒や赤で塗りつぶされており、その上に動物や植物がシンプルで大胆な線で描かれる。それが先住民の壁画であることを知らずに見たら、ちょっとモダンなイラストと勘違いしてしまうかもしれない。インドでよく見るヒンドゥーの宗教的な絵とはまったく違うし、これまで見た先住民アートともまったく異なるものがここにあった。

村に入ると、どの家の壁にも壁画が描かれていた。壁画は高さ二メートル近くあり、それが壁いっぱいに連なって描かれている。圧倒的な迫力がある。家の中に入ると、内壁にもまた壁画が描かれており、このモダンなデザインの絵が人々の生活としっくりとなじん

ドゥジナガル村の壁画

でいる。この一つの村だけで、大きな展覧会を開けるほどのボリュームがある。まさに「生きる美術館」だ。

壁画の絵はすべて天然顔料で描かれている。黒がマンガン、赤が酸化鉄、白がカオリンという鉱物だ。それらをすりつぶして水に溶き、手で描かれている。そして、他の先住民アートと同じように、その描き手は女性だ。その家の女たちが壁を磨き、装飾している。

それでは、いったい彼女たちはなぜこのような壁画を描くのか。

インドにはヒンドゥー教でディーワーリーという祭りがある。毎年一一月初めのころに開かれれ、「光のフェスティバル」とも呼ばれているが、ちょうどこの祭りの直後に先住民の間で「牛の祭り」が開催される。この地域の先住民はヒンドゥー教徒が多いので、壁画には「HAPPY DIWALI」と書かれていることもあり、最初はディーワーリーのための壁画かと思ったが、正確にはそうではなく、「牛の祭り」を祝って毎年壁画は描かれているという（だからといって牛を描いた絵はあまりないのが不思議だが）。

先述したように、壁画は土壁に天然顔料で描かれている。ペンキのような頑丈な塗料ではなく、雨や風によって受けるダメージは大きい。インドはモンスーンという雨季もあるので、一年で壁画はぼろぼろになってしまう。だから、祭りの前になると女たちは外壁の絵をすべて落とし、下塗りからすべてやり直して絵を描く。よって、その年に描かれた絵は二度と残らない。翌年同じスタイルで描き続けても、まったく同じ絵にはならないし、少しずつ絵のデザインは変わっていくからだ。ラージャスターンのミーナー画も同じだ。

アンゴー村へ

ドゥジナガル村をあとにして次の村へ向かう。ドゥジナガル村だけでも大変なボリュームの壁画を拝見させてもらったが、これは始まったばかりなのだと思うとこの地域は「先住民アートの宝庫」ではないか。わくわくしながら次のアンゴー村へ向かう。

アンゴー村にもまたたくさんの壁画が描かれていた。だが、驚くことにその絵はドゥジナガル村の絵とはかなり異なっていた。ドゥジナガル村の絵は動物や植物が四角い枠に囲まれていたが、ここではその枠が取り払われ、左右に伸びやかに広がる細い線で動物や植物が描かれている。鳥や馬のデフォルメが大胆で実にのびのびとしている。村が変わると、こんなにも絵のタッチが変わるのか。これまでこんなのは見たことがない。これだけで違う画家の大きな展覧会を二つ見たような気分だ。

僕がこれまで見てきたインドの先住民アートおよび民俗画は、概して同じスタイルの絵が描かれていた。

ある部族が同じスタイルで描く絵、例えばそれはミーナー族が描く「ミーナー画」、ワルリー族が描く「ワルリー画」、ゴンド族が描く「ゴンド画」のような絵。もう一つは、同じ地域に住む人々が描く絵、それはミティラー地方に住む人々による「ミティラー画」というようなものだった。だから「〇〇画」と聞けば、すぐにそのスタイルを思い浮かべることができる。

だが、このハザリバーグ近郊の村では、一つの村で同じスタイルの絵が描かれるが、村が異なると絵のスタイルが変わってしまうのだ。最初は、村に住む部族が異なるから絵のスタイルが変わるのかと思ったが、そうではなく、同じ部族でも村が異なると違うスタイルで描いているという。だから、ハザリバーグ近郊の村々は部族に関係なく、四〜五種類の異なるスタイルの絵があちこちで描かれている。ドゥジナガル村の住人はオーリヤ族で、アンゴー村の住人はクルミ族だ。これまでのパターンなら、オーリヤ画、クルミ画と呼ぶ

アンゴー村のクルミ族の壁画。荒々しいタッチで馬と人間が描かれている

アンゴー村のクルミ族の壁画

ところだが、他の村に住むオーリヤ族がドゥジナガル村と同じスタイルで描くわけではないので、絵の名前に部族名を冠することはできない。このようなところはインドでもここしかないとジャスティンさんはいった。

壁画が描かれる理由

二日目はハザリバーグから南下して、イスコ村へ向かう。実は、ハザリバーグ周辺には古代に描かれた洞窟壁画が何か所もあり、その一つがこのイスコ村の近くにある。

ガイドをしてくれるジャスティンさんの父ブル・イマーム氏は考古学者であると書いたが、実はこの洞窟壁画を発見したのはブル・イマーム氏

アンゴー村の壁画。四角い枠がなくなって、絵が連続的につながっている

だ。彼が息子たちとこの洞窟壁画を調査した一九九〇年代初頭、付近にあるイスコ村で村の土壁に壁画がわずかに描かれているのを「発見」した。それに興味を持ったイマーム氏は、その壁画が非常に美しい壁画であると同時に、洞窟壁画と共通したモチーフであることに気づき、そこから多くの村々の壁画を調査し始めた。

だが、壁画はほとんど消滅していた。かつては描かれていた村の壁画は、当時はほとんど描かれなくなっていたという。先住民は貧しい農民である。壁画を描くには顔料が必要だ。昔は山から自分たちで採取してきた土をすりつぶして顔料にしていたが、山に入って勝手に土を採取することができなくなると、顔料は市場で買わなければならなくなった。貧しい先住民にはそれを買う金はないので、次第に壁画は廃れていった。

そこでイマーム氏らサンスクリット美術館は、壁画の復興に邁進する。村々を訪れて顔料を提供し、生活物資を援助しながら壁画を描くことを奨励していった。その活動によって壁画は少しずつ復活していき、二〇一八年現在でおよそ二〇の村で壁画が描かれるようになったという。

もちろん、それには資金が必要だ。私営の美術館にはそのような資金はない。この活動に共鳴したオーストラリア、イギリス、イタリア、フランスなどの政府や団体から援助を受けてやってきたが、今では壁画を紙に描いて販売することで一部の資金を調達するようになっている。美術館では村の描き手の中から描き手を選抜し、美術館に呼んでアート・キャンプを行ない絵を制作している。フランスのNGOが毎年それを買い取ってくれるそうだ。もちろんそれで常に十分な資金が得られるわけではなく、このような活動につきまとう資金問題はここでも例外ではない。

次々に訪れる村に、村の名前も位置もよくわからなくなってきつつあるが、この日に行ったジョラカット村の絵は、これまでとまったく異なるスタイルの壁画だった。色を使わないモノクロの壁画なのだ。外壁や内壁に、かなり大胆な筆致で、ゾウ、トラ、シカ、クジャクといった動物が大きく描かれている。見る者を圧倒するような力強さだ。

描き方（技法）はこれまでの壁画とは異なっていた。まず土壁を土で平らにならしたあと、一面をマンガンの顔料で黒く塗る。それが乾いたら、次に白いカオリンの顔料を一面に重ねて塗る。その白い顔料が完全に乾かないうちに、櫛で白の顔料を削り取って一気に絵を描いていくという。日本でも陶芸などで行なわれる「掻き落とし技法」だ。下書きはしない。白い顔料が乾いてしまうと櫛でこそげ落とすことはできないので、壁画は三時間ほどで仕上げなくてはならないという。黒い線をよく見ると櫛目の細かい線が現れている。

「なぜ、こういう動物が描かれるんですか?」

僕がジャスティンさんに聞くと、

「こういった村の周辺に実際にこういう動物がいるからですよ。ゾウもトラもシカも森にいる動物です」

「ゾウが村に出てくるんですか?」

「出てきますよ。この前は村に現れたゾウが家を破壊して大変なことになりました」

そういえば、ときどきインドの村でゾウが暴れたというニュースが流れてくるが、ここでもそう

ジョラカット村。
シータ・デヴィ画

ジョラカット村の家の内壁に描かれたゾウ

だったんだ。

ある村へ行ったとき、いつもなら数多く描かれている壁画が、まったく描かれておらず、どうしたんだと村人に聞くと、「実は先日、村の子どもがジャッカルに襲われて死んだ。だから今は喪に服しているので絵は描いていない」という。壁画に描かれている植物や動物は、そのほとんどが実際に村の生活の中にある世界であり、それが必ずしも平和で穏やかな関係ではなく、ときに野生の凶暴さとも共存しなければならないのだ。きびしいですねえ。

土地を追われる先住民

考古学者ブル・イマーム氏は、先住民の森や暮

ジョラカット村の家の内壁

らしを守る活動も幅広く行なっており、それは森を破壊する企業との戦いでもあった。

先住民が暮らす土地や森は、鉱物資源が眠っていたり、ダムの建設用地になったりする。鉱物を採取したり、ダムの建設のために、先住民の土地は容赦なく奪われ、彼らの生活が破壊され、森は伐採される。ブル氏は長年にわたってこういった破壊活動を阻止し、先住民の生活と森を守る活動をしてきた。実はダムの建設には日本企業も関わっている。ブル氏は僕が日本人であることを慮《おもんぱか》ってか、日本企業の活動については触れなかったが、地元の先住民ではないインド人たちはみんな知っている。僕が日本人だと知ると、うれしそうに「日本の企業がダムを建設してくれたんだ」と教えてくれるのだ。

一般のインド人にとって先住民の暮らしなどまったく眼中にない。だから、先住民アートを探しにきているといっても、ほとんどのインド人はそれに興味を示さない。先住民の文化に興味を持つのは、外国人か、大都会のインテリインド人だけである。ハザリバーグでリキシャにサンスクリット美術館に行ってくれと頼んでも、名前も場所も知らなかったのは、ハザリバーグ市民が先住民文化について関心がないということだろう。

ガイドブックには、ジャールカンド州ではマオイストの活動が活発で夜間は危険なので外出を控えるようにと書いてある。差別され、土地を奪われ、生活に困窮する先住民が武装蜂起してゲリラとなり、政府軍と戦っているのだ。

だが、このことを普通のインド人はたいして知らないし関心もない。報道もされないので、日本にニュースとして伝わってくることもほとんどないが（たまにマオイストが線路を爆破して列車の往来を妨げたというようなニュースが流れてくる）、実は、先住民の多く住む州では、内戦ともいえるような激しい戦闘が行われてきた。

だが、インド軍とマオイストでは戦力に差がありすぎてまったく勝負にならない。ジャールカンド州では二〇一七年頃までにマオイストの活動は壊滅し、現在ではまったく戦闘は行なわれていないとブル氏はいう。

壁画の神話世界

三日目に訪れたのはハザリバーグの東にあるベルワラ村だ。個人的にはベルワラ村の壁画がいちばん好きだ。村々の線画にはよく馬と馬に乗っている人が描かれているが、ベルワラ村の馬が最も大きく、画題の中心となっているように見える。このとき見た馬は高さ二メートル、横幅が四メートルほどあった。巨大な馬の絵だ。

この絵が馬であることは一目瞭然だが、それ以上の意味がないか聞いてみる。すると、やはり単に「馬と人」だという。

実は、このような「馬と人」のモチーフは、これまで僕が見てきたワルリー画、ピトラ画、ビル画などインド先住民アートにもひんぱんに登場する。こういった絵に登場する馬と人は先住民の神である。インド亜大陸にはもともと馬はいなかった。三五〇〇年前、アーリア人がインド亜大陸に馬とともに進出してきて、それから先住民は馬を「客神」として崇敬するようになったという（「馬と精霊の棲む杜」北村皆雄、『原インドの世界』東京美術、一九九五年）。その客神に乗馬しているのは先住民の神々だ。そのようなモチーフは先住民絵画に共通して現れている。

ハザリバーグ周辺の村々の絵もそれとほとんど同じだ。彼らはもう意識していないのかもしれないが、おそらくここで描かれている馬と人は彼らの神だったのではないかと思う。

それにしても、土壁に描かれたその巨大な馬のなんと生き生きとしていることか。これを描いたのはパルバティ・デヴィさんという方だが、この地域のアーティストとしてトップクラスだろう。いや、インド先住民アート界でもトップクラスだといってもいい。これが一年で消されてしまうのが本当に惜しい。せめて写真で記録しておくしかない。

前にも書いたように、この地域で壁画文化を残す資金を得るために、彼女たちは紙に描いた絵を販売している。これをなんと呼べばいいのか。ここの絵は複数の部族が描き、様々なスタイルの絵が混在している。地元の人々は「ソーライ」と呼んでいるが、これは「壁画」というような意味で、この地域特有の名称ではないようだ。僕はジャスティンさんに聞いた。

「ここの絵のことをなんと呼べばいいんですか?」

「そうですねえ。まあ、ハザリバーグ周辺の村々の絵なので、ハザリバーグ画とでも呼びますか」

まあ、そう呼ぶ以外にないかもしれない。今後どのような名称で呼ばれることになるか今のところわからないが、暫定的に「ハザリバーグ画」と呼ぶことにしよう。

他の民俗画、ミティラー画やワルリー画が壁画から紙に描かれて販売されているように、ハザリバーグ画も販売されている。毎年塗り替えられてしまうハザリバーグ画も紙に描かれれば、今後もし壁画の文化が途絶えてしまっても、どのような絵が描かれていたか、紙に描かれた絵や写真が記録として残る。その意味でも紙に描いた絵を残して欲しいと思う。

また、紙に描かれたミティラー画やゴンド画はすでにインドのみならず海外でも有名になり、超高額なアート作品として売買される作家も登場している。だが、絵が売れれば、必ず粗製濫造が始まる。例えばニューデリーなど大都会で販売されているミティラー画やゴンド画は、今やその粗製濫造の極みだ。ろくでもない粗末な絵を数千円で売っている（インドで数千円の絵といえばかなり高額だ）。

もちろん粗製濫造されるのは、それほど多くの人々が描いているということであり、その中のほ

ベルワラ村の路地はまるで美術館

ベルワラ村の壁画。パルバティ・デヴィ画

んの一握りの才能ある描き手にチャンスを与えることにもなるので、一概に悪いとはいえないのだが、たいていの描き手は買い手に迎合し、数多く売れるものを描くようになるので、本来の民俗画から遠く離れていく。

その意味では、ハザリバーグ画はインドでもまだ無名で、大都市などのショップではほとんど販売されていない。今後どうなるのかはわからないが、まだ無名で、描き始めたばかりの絵には、壁画と同じような原初的な民俗画の力がみなぎっている。荒々しく大胆で、線が生き生きと伸びている。まさに壁画を切り取ったような絵なのだ。ここから何人のハザリバーグ画家が育っていくのだろうか。

ジャールカンド州から西ベンガル州へ

ハザリバーグ周辺の村々をめぐって壁画を堪能したわれわれは、さらなる壁画を求めて移動を開始した。次に目指したのが西ベンガル州のプルリアだ。ここにも壁画があるらしいことをネットの検索で見つけていたのだが、わかったのはプルリア近郊のどこかの村ということだけだ。

だが、ジャスティンさんが、プルリアに住んでいる壁画が好きな友人を紹介してくれた。ラッキーだ。その人を頼りにプルリアへ向かった。

ジャスティンさんが紹介してくれたのはアゴーシュさんという青年で、彼も壁画が好きで、このあたりの村をチェックしているそうだ。すると、彼がいきなり朗報をもたらす。

「この前、描き直したばかりの村があると友人から連絡があった。そこへ行ってみましょう」

おお、それはすばらしい！

さっそくその村へ向かう。プルリアから南へおよそ六〇キロ、インチャディという村だ。

到着して描かれた壁画を見て仰天した。

そこにあったのは、派手な原色を何色も使った幾何学模様の絵だったのだ。ハザリバーグ画のような天然顔料ではなくピカピカのペンキで描かれており、絵柄も伝統とは無関係なモダンなものだ。この壁画をどう表現したらいいか。色づかいや幾何学模様はインドというよりアフリカぽくもある。こういう壁画もあるのか。あまりに意外な壁画にしばし立ちすくんだ。

だが、この壁画は住民が自分でペンキを購入し、自分たちの手で自由に描いたものだ。伝統とはかけ離れた大胆な色とデザインは類を見ないが、彼らがそれほど独創的だということでもある。

自由に描いたものといっても、ここにはここの絵の法則がある。それは一つの絵柄を連続して描くパターン化だ。単純な形でも、それをつなげて描けばひとつの模様になるが、例えば単純な菱形の連続模様があるかと思えば、蝶や花の連続模様もあり、実にバラエティに富んでいる。原色の乱舞する家の前を、住民がかごを頭に乗せて歩いていたり、牛車が通ったりする風景は不思議な雰囲気である。インドの壁画は実に奥が深い。

インチャディ村の壁画から、次は南下して再びジャールカンド州に入り、ジャムシェードプルという街へ行く。ジャムシェードプルは人口一〇〇万を超える大都会で、都市名はインドの大財閥タタの創業者ジャムシェド・タタの名前に由来する。ここでは、アゴーシュさんの友人のヨギさんという先住民の青年が壁画を案内してくれる約束になっている。

ジャムシェードプルから南東へおよそ三〇キロのところに壁画の村があった。もう驚かないが、ここもインチャディ村と同じスタイルの、原色のペンキで描かれたモダンデザイ

インチャディ村の壁画は幾何学模様

ジャムシェードプル近郊の村の壁画。ケニア風デザイン

ンだ。中には長い壁をピンク、黄色、明るい青、緑と帯状に塗ったところもあり、見ているだけで目がチカチカしてくる。いったいどういう色彩感覚なのか。

こういう壁画を見ると、すべての先住民たちが必ずしも伝統的な絵を好んで描くわけではないということがわかる。何の制限もなく、壁に自由に描いてもいいということになれば、こういう奇抜で派手な絵を描くこともあるわけだ。今後、こういうスタイルが長く続いていくのか、あるいはさらに変化して発展していくのかが楽しみでもある。もしかしたら、これが「伝統的な絵」にならないとはいえないわけで、伝統の出発点を目撃したかもしれないからだ。

ハザリバーグ周辺の村でも、実は似たような変化が起きていた。ある村では、伝統的に土壁に白い顔料で簡単な点線を描くだけの文様だったらしい。あるとき、少女がそこに花の絵を描いた。するとそれが村人に受け入れられ、その後、少女が描いた花の絵を模倣して村中の壁がそれで埋まっていったという。事情を知らずにその村を訪れると、そういう花の絵が伝統的な壁画と思い込みやすいが、実はそれは始まったばかりの「伝統」だったのだ。

そういった絵はけっこうあちこちの村の一部の絵に見られる。家の女性から女性へ受け継がれる絵は、そのときの気分や外部からの影響を受けるのは当然のことだ。ときとして若い女性は自分で好きな花を描きたいだろうし、描き方も伝統から離れていくこともある。村の周囲にいる動物が描かれているのが普通なのに、若い人が描いた絵にはキリンが描かれていたりする。テレビで見たからだそうだ。それが今描かれる「生きている壁画」なのだろうと僕は思う。

グムラへ

それからさらに壁画を求めて、ジャールカンド州のグムラという街へ移動した。ヨギさんがグムラなら壁画があるかもしれないといったからだ。グムラはかろうじて外国人が宿泊できるホテルがある程度の小さな田舎町だったが、そこには意外にもトライバル・ミュージアム（部族博物館）があった。もしかしたら、ここに情報があるかもしれない。

ミュージアムを訪ねると、外観はあまり頼りにならなそうな雰囲気が漂ううらぶれた建物だった。中へ入ると係員が出てきて、電灯のスイッチを入れてくれた。われわれ以外は入場者はいないようだ。展示物はこの周辺に住む各部族の生活がパノラマになっているものや、民俗衣装を着た人形などが主だが、パノラマになった部族の生活は原始時代のようなありさまで（真っ裸で狩りをして洞窟に住んでいるとか）、今どきこんな生活をしている先住民はいないだろうと突っ込みたくなる内容だった。

展示物はどうでもいいので、この周辺に住む先住民の壁画について知りたいわれわれは、館長に会って壁画のある村はないか尋ねた。すると単刀直入に「ここにはない」ときっぱりいわれた。壁画ならハザリバーグへ行けという。そうですよね、そこはもう行ったんです。それで部族博物館での情報収集が終了。

それでもあきらめきれず、壁画はないかいろいろ尋ねていたら、グムラの南にマジャトリ村というところがあるから、そこへ行けば先住民の村があるといわれた。壁画があるかどうかはわからないが、他にやることもないので行ってみる。グムラから二〇キロあまりのところだ。

村に着いても誰に聞けばいいのかわからない。近くに学校があり、そこに教師らしき人がいたので、その人なら英語が話せるかもしれないと聞いてみる。

諸星大二郎の絵のようなトライバル・ミュージアムの展示

本当に何もない田舎の村だったグムラ

「ここらへんに壁画がある村はありませんか」

その人はやはり教師で、英語が話せた。

「壁画？　ありませんねえ。先住民の村はありますが、壁画はないですね。ハザリバーグへ行けばありますよ」

やっぱりここでもハザリバーグか。残念。ハザリバーグがいかにすごいところかここでも証明された。

しょうがない。もうあきらめよう。バス停のすぐそばに土壁の家がある村があったので、そこに入ってみたが、土壁には何も描かれていなかった。それでジャールカンド州をめぐる先住民アート探しの旅は終了した。

プルリアやジャムシェードプル近郊の村にはモダン壁画を描く村があったものの、ハザリバーグ周辺の他に壁画の村を見つけることはできなかった。おそらくかつては他の村でも描かれていたのだろうが、ハザリバーグ周辺の村でもそうだったように、描くのをやめてしまったのだろう。

壁画を描くのは金がかかる。貧乏な先住民にはそんな金はないだろうし、土壁の手入れをするのもかなりの手間がかかるという。

現在、インド政府はレンガ造りの家を奨励している。レンガ造りの家を建てると多額の補助金が支出される。なので、ジャールカンド州の村々でも、土壁の家を壊してレンガで家を建てているところが多い。レンガ造りの家は部屋も広く取れるし、手間がかからないという。土壁の家だと雨風に弱く、その手入れに一年のうち二か月ほど時間を取られるらしい。それがレンガの家だとほとんどメンテナンスの必要がない。それは住民にとって大きな魅力なのだ。

だが、レンガの家を建てると、メンテナンスの手間がかかる土壁はつくらない。本当はレンガの家でも、壁に土を塗って土壁にできるのだが、手間や費用をかけてわざわざそんなことをする人はいない。土壁がないと壁画も描かれなくなるのだ。だから、どんどん壁画は消滅していく運命にある。

そういう事情から考えると、ハザリバーグ周辺の村は、サンスクリット美術館のイマーム父子が成し遂げた「奇跡の村」といえるだろう。あの地域でもレンガの家々が建設されつつあるが、村人を励まし、資金を与え、なんとか壁画を増やしているのは並大抵の努力ではない。それもいつまで続くか誰もわからない。
あの壁画を絶やしたくない。そう思いながら、この壁画探訪の旅を終えた。

日本で先住民アートの展示会を開催

日本に帰国して、僕はハザリバーグで購入した絵の展示・即売会を開催した。ハザリバーグ周辺の村々の壁画が続くように、収益金の一部をその資金に寄付するためだ。インドの民俗画そのものが日本ではあまり知られていない。最近になってようやくミティラー画やゴンド画が多少は知られるようになりつつあるが、ハザリバーグ画など誰も知らないだろう。そんな展示会に来てくれる人がいるのか。そして買ってくれる人がいるのか。

僕はハザリバーグ画という文化があることを日本人にも知ってもらいたいと思う。前にも書いたが、インドに何度も行ったことがある人でさえジャールカンド州に行ったことがある人は少ないし、僕自身まったく知らなかった。情報もほとんどない。ましてや、そこにこのようなアートがあることは知られていない。

前にも書いたが、ジャールカンド州やチャッティースガル州といった先住民が多く住む地域では、彼らの土地が奪われ、森林が破壊されてきた。インド政府に対して武装闘争を行なっているマオイストは圧倒的な武力を誇るインド軍に対抗することはできない。また実際に戦闘が行なわれていることもインドではほとんど報道されないので、インド人でさえそのことを知らず、また先住民の文化について興味を持っていない。

武力闘争をやってもインド軍にかなうはずもなく、傷つき、生活を失うだけではどうしようもない。ジャールカンド州ではマオイストの活動はインド軍に完全に壊滅させられたとブル・イマーム氏は語っていた。

武力闘争でかなわないなら、先住民が住むところには美しいアートがあり、それを育む自然とすばらしい生活があることを知ってもらうほうがいい。一般のインド人は身分の低い先住民の文化に興味はないが、それは壁画について知らないからだ。インドでもすでにミティラー画やゴンド画は広く認知されていて、デリーなどでは多くの絵が販売されている。それらをインド人が買い求めているのだ。

ハザリバーグ画も、そうやってまず絵からインド人に広まっていけば、ジャールカンド州に住む先住民の暮らしにも関心が持たれるようになり、彼らの生活に対する理解も深まっていくかもしれない。ミティラー画の故郷であるマドヴァニは、僕が訪れた一五年前は電気もろくになく、人々は貧しい暮らしにあえいでいたが、ミティラー画が広まるにつれ、以前と比べものにならないほど村は豊かになったそうだ。だから、彼らがそこに住み、豊かな文化を持っているということを、できるだけたくさんの人に知って欲しいと思うのだ。

展示会のやり方や人の集め方など僕はよくわからないので、ご自身で小さなギャラリーを持っている映像プロデューサーの阿部櫻子さんと、インドの民俗画にも詳しいカメラマンの松岡宏大さんに相談した。彼らは、一回だけ展示会を開いてもなかなか浸透しないので、小分けにして数回やる方が人は集まりやすいのではないかという。それで、最初は松岡さんの紹介で、代々木上原のギャラリー「ハコギャラリー」、次に阿部櫻子さんのギャラリー「ディープダン」で小規模な展示即売会を行った。

だが、売れ行きはかんばしくなかった。来てくれた方々は興味深い絵だといってくれたが、やはり正体がわからず、評価が定まっていないものに金を払う気にはなれないだろう。その気持ちは僕にもよくわかる。展示会と同時にトークイベントも行なって、ハザリバーグ画がどのようなものなのかを説明したが、二つの会場でわずか二回のトークイベントではぜんぜん足りなかったようだ。

　三回目の展示即売会では、大きなホールを借りて三日間、大がかりな展示会を開催した。大きな展示会といっても、それはまあ僕なりにということで、読者がご覧になる美術館の展覧会に比べれば比較にならないほどの小規模だが、とにかく壁面を絵でびっしりと埋めて、全部で一〇〇点ほどの絵を展示した。これで売れなかったら、額代も会場費用も出ないので、寄付などまったく不可能だ。二日連続でトークイベントも行なった。

　来てくれる人が集まるのかかなり不安だったが、トークイベントの席は二回とも埋まり、展示会場に

2019年5月、新宿区の早稲田奉仕園で3日間の展示会を開催した

も予想より多くの人が来て下さった。

そして、絵も売れた。かなり悲観的な予想だったけれど、それよりもかなり多くの絵が売れて、どっと安心した。阿部さんや松岡さんのいうように一回だけの展示ではだめなのだろう。何度もやってようやく徐々に広がっていくということか。おかげで、額の費用も会場代も支払えて、ハザリバーグに寄付する資金も調達できた。

再びハザリバーグへ

二〇一九年一一月、再びハザリバーグへ向かった。展示会で得た収益の一部を持って。今回の旅は珍しく兄と友人、そして小川京子の四人連れ。僕としては、なるべく多くの日本人にハザリバーグ画を見て欲しいと思っているが、団体客を引き連れていくわけにもいかないので、気の知れた人を同行した。わずか九日間の短い（個人的には最短）インド旅行だ。長距離移動は飛行機で、ホテルもほぼすべて予約してから出発した。

もし、長くても休みをせいぜい一週間しか取れない普通の日本人が、ここを訪れるとしたらそれが可能かどうか、結果的にそれを試すことができた。

われわれの日程は、次の通りだ。
一日目：東京↓ニューデリー（飛行機）
二日目：ニューデリー↓ラーンチー（ジャールカンド州都、飛行機）↓ハザリバーグ（タクシーで三〜四時間）
三日目：ハザリバーグ周辺の村めぐり
四日目：ハザリバーグ周辺の村めぐり
五日目：ハザリバーグ周辺の村めぐり
六日目：ハザリバーグ↓ラーンチー（タクシー）
七日目：ラーンチー↓ニューデリー（飛行機）
八日目：ニューデリー↓
九日目：↓東京着（飛行機）
ハザリバーグの村めぐりにまる三日とったが、三日あれば主な村はだいたい見てまわることができる。六日目はラーンチーに一泊したが、そのままニューデリーへ帰ることができる。翌日の七日目の朝出発する帰国便を設定すれば、かなり忙しくはなるが一週間でなんとか可能だと思う。

今年は秋の雨が例年より長かったらしい。祭りまで晴天の時間が短く、残念ながら壁画を新しくできなかった家も多かった。天候に左右されることなので、これぱかりはどうしようもない。だが、それでも多くの壁は新しく描き直されて、去年とは異なる絵を見ることができた。

去年にはなかったこともいくつかあった。まず、壁画の色にこれまでなかった黄色が用いられていたことだ。ジャスティンさんにそういうと、

「今年から新しい顔料を加えてみたんだ。村の人が新しい色を欲しがったんでね。緑や青も候補に挙がったんだけど、天然顔料でできる黄色がいいということになったんだけど、どうだい？」

これまで使われていた赤は、派手な赤ではなくえんじ色に近い。そこに加わった彩度の低い黄色は自然な感じがした。ある家ではどうしても使いたかったのか、黄緑が使われていたが、それはペンキなのでテカテカと光って違和感があった。顔料で描かれている絵は、すべて彩度をそろえた顔料で描かないとバランスが崩れてしまうのだ。ジャスティンたち

去年の壁画が消されて描き直されたベルワラ村パルバティ・デヴィさんの絵

同じくベルワラ村の今年描き直された馬と人の絵

は、そのようなこともただ住民の要求をそのままかなえるのではなく、考えてやっている。

ある家では、自分で紙に描いた絵を売っていた。いい絵だったので買おうと思ったが、ジャスティンが絵を手に取って振ると、絵の具の顔料がはらはらと剝離した。

「これはだめだな。彼らが自分でやると、接着剤の分量がわかっていないので、顔料が紙に定着しないんだよ」

「そういう加工をしなくちゃいけないんですか？」

「そう、そうしないと、こういうふうに顔料がすぐに剝げ落ちてしまう。うちでやっているアートキャンプで描いてもらうときは、顔料と接着剤の調整を私がやっているからこういうことにはならないんだ」

ただ紙に描けばいいというものではなく、実はいろいろ工夫がされているのだ。というわけで、サンスクリット美術館に戻ってから、ストックされている絵を買い求めた。村で買っても、美術館で買っても価格は同じだった。

ある村を訪れたときのこと、子どもたちがわれわれの姿を見てひどく泣き始め、なにやら口々に叫んでいる。いったいどうしたというのか。

「あの子たちは何をいってるの？」

僕がそう聞くと、ジャスティンさんは苦笑いしながらいった。

「腎臓を取りに来たって泣いてるんですよ」

「なんと……」

貧困のあまり腎臓を売ってしまう人々がインドにはいるが、子どもたちは腎臓を取られるとおびえているのか。インドでは子どもの人身売買、臓器売買が深刻な社会問題となっている。カーストが低い貧困層を臓器売買のブローカーは狙うといわれているが、子どもたちの声がまさにそれを裏付けている。あまりにも痛ましい声だ。

大丈夫か、エア・インディア

今回は時間の節約のために、日本から直行便が出ているエア・インディアを利用した。行きはまあ普通に飛んだが、帰りは散々な目に遭った。ラーンチーからニューデリーへの便が三時間遅れたのは、その日のうちに帰れたのでまだよかったが、ニューデリーから東京への便はキャンセルになってしまった。兄は翌日に会議が入っているので、予定通り帰国しないとまずいのだ。

　窓口の係員は殺到する乗客の対応に追われ、こちらが何か聞こうと思ってもまったく余裕がない。それで近くにいた日本人を見つけて聞いてみた。

「今日の便で日本に帰国なさる予定ですか？」

「そうです。本当は昨日帰るはずだったんですけど、それがキャンセルになって、今日になってしまったんです」

「だから、今日乗るはずだったこっちの便がキャンセルになっちゃったんですか」

「そうだと思いますよ。でも、今日は二便飛ばすっていってましたけどね」

　あわててエア・インディアの窓口にかけあうと、「今日の便に空きがあれば席を確保しますので、もう少しお待ち下さい」といわれたが、空きがなかったら帰国が一日延期になるってことだよな。まずいよ、それは。

　で、待つこと一時間半。ようやくわれわれのチケットが受け付けられ、座席をもらうことができた。空いている席なので四人ともバラバラだが、それはこの際しょうがない。今日の帰国便に乗れるだけでもよしとしよう。

搭乗券が発券され、すぐにイミグレーションへ向かうも長蛇の列。セキュリティチェックも時間がかかり、それらを終えるころには出発時間が迫っていた。

セキュリティチェックの男は超忙しいわりには余裕で仕事をこなし、僕に「日本人か？」と聞く。「そうです」というと、真面目な顔で「君はニンジャ・ハットリを知ってるか？」というではないか。どう答えたらいいんだ。

「知ってますけど、忍者は実在しませんよ」というと、男は大笑いして通してくれた。すまんが、こっちは冗談をいってる場合じゃないんだ〜。

急いで搭乗ゲートへ向かうと、ゲートから係員が「ファイナルコール！　ファイナルコール！」と叫びながらわれわれを手招きする。走ってゲートをくぐり、搭乗口へ来ると、扉の前の係員がいう。

「走らないで落ち着きなさい。大丈夫、間に合いますから落ち着きなさい」

いや、急げっていったのはあんたたちだから。

飛行機が空港を離陸する。やれやれ、これで安心だ。ゆっくり本でも読むかと読書灯をつけると、あら不思議、自分の席ではなく、前の席の読書灯が光る。なんだ、これ。ＣＡ

を呼んでどうなっているのかというと、ＣＡは僕の後ろの席の乗客に読書灯のスイッチを入れるように頼む。すると僕の読書灯がついた。全座席のスイッチが一座席ずつずれているのだ。こんな飛行機初めて乗ったよ。他の三人もリクライニングが動かないなどトラブルがあったようなので、多くの乗客も似たような被害に遭っているのだろう。ほんとにオンボロな機体だ。エア・インディアいったいどうなってる！

などと思いながら無事帰国を果たすと、ネットで「エアインディア、資金不足で15機が飛行できない状況が続く」「インド政府、エアインディアの民営化が失敗した際は同社の解散を検討」というニュースが流れていた。やっぱりエア・インディアの経営状況はかなり苦しいのだな。今度の搭乗でまざまざとそれを実感したよ。がんばってくれ、エア・インディア！

二〇二二年、エア・インディアはインドのターター財閥の航空会社になった。そして翌年、航空業界史上最大となる四七〇機の機体を調達したとニュースになった。

二つのベンガルを旅する

バゲルハット近郊の早朝、バスの車窓から見た風景に魅入られた（バングラデシュ）

混乱渦巻く大都市ダッカ

二〇一〇年二月、僕は取材のためにベンガル地方を訪れた。ベンガル地方とはベンガル人が住む地域のことだが、現在の地理区分でいえばバングラデシュとインドの西ベンガル州を指す。バングラデシュとはベンガル語で「ベンガル人の国」という意味だ。

バングラデシュがパキスタンから独立したのは一九七一年だが、その前後、大量の難民が出た。有名なバングラデシュ救援コンサートが行なわれたのも一九七一年だ。

僕が初めてインドに行った一九八〇年代初めのころ、まだカルカッタ（現コルカタ）にはバングラデシュから来た数多くの難民が路上生活していた。バングラデシュといえば、そういう苦難と貧しさが僕の持っているイメージだった。

ところが、二〇〇八年にNHKで、驚異的な経済発展を遂げたドバイなどの都市を「沸騰都市」と呼んで紹介した番組を見たのだが、なんとドバイなどと並んでダッカが紹介されたのだ。バングラデシュは高い経済成長率を保ち、ダッカはかなり発展しているという。

皮肉にもその放送の直後に、例の「リーマン・ショック」が起こる。その影響を受けて、経済成長も足踏みをしたに違いないが、もともとバングラデシュはアジアでも最貧国のひとつである。多少成長が伸び悩んだところで、元が低かったのだから、僕が前に訪れた一二年前に較べれば、ダッカはけっこう変わっているのではないか。そういう期待をしながらダッカに降り立った。

ダッカ旧市街の中心地であるモティジールに宿をとって、その周辺をちょっと見ただけでは、大きく変わったという感じはしなかった。だが、よく見ると、以前は見たことがなかった銀行がずらりと並ぶ銀行街ができていたりして、やはり金融業界にはけっこうな変化が起きたようだ。バングラデシュ経済は、二〇〇〇年代に入って年間五～六％ずつ成長している。ダッカの成長はおもに縫製業によっているが、縫製業が盛んになることで、その波及効果が他業種にも及び、建築業界なども潤っているそうだ。

新しい日本車を乗りまわす新興の中産階級も現れ、ダッカ各所に大型のショッピングセンターができている。彼らの多くはオールド・ダッカではなく、空港からさらに北へ新しい町を形成して、そこで暮らし始めているらしい。

一方、街の道路に出ると大きく変わったことがわかる。以前は、インドから輸入されたオートリキシャが数多く走りまわっていた。こちらでは「ベビー」と呼ばれていたが、エンジンが2サイクルなので、その猛烈な排ガスで街が霞んだほどだった。一日街をまわると、その空気の悪さに鼻の穴は真っ黒になり、気分は悪くなり、気管の弱い人は病気になるといわれたほどだ。交差点の警官はマスクをして交通整理していた。一九九〇年代末期には世界で最も空気が汚染された街のひとつだといわれていた。

それが、二〇〇三年、ダッカの路上からベビーが一掃された。代わって4サイクル・天然ガス使用の、通称「CNG（Compressed Natural Gas）」というオートリキシャが採用され、ダッカの空気は多少改善された。ああ、これでようやくダッカも歩きやすくなると思ったが、ところがそうはいかなかった。

空気は以前と比べれば少しはましになったが、今度は、車の数が劇的に増加し、交通渋滞が頻繁に起こるようになったのだ。以前は空港から街の中心地までタクシーでおよそ三〇分だったが、今は一時間以上かかる。車で街の東西南北を渡るのにも一時間以上かかることはざらだ。

僕はこれほど交通が混乱した都市を他に知らない。車が増えたのに、自転車で引っ張るサイクルリキシャも同じ道路を走っているのだから、混乱はとどまるところを知らない。

渋滞するダッカのグルシャン。
新しい日本車が激増している

サイクルリキシャ、CNG、オートバイ、自動車、バス、トラックがひとかたまりになってうごめいている。あちこちで接触が起こっているが、それは事故にすらならない。

こんな状態で都市として機能するのだろうかと不思議に思う。増えたのは自動車のほうで、サイクルリキシャは元からいたのだから、彼らを責めるのは酷といえば酷だが、このパワーもスピードもまったく次元の異なる二つの乗り物が、同じ道路をともに走るのはそろそろ限界かもしれない。

騒音と大気汚染、渋滞と交通事故、ゴミが腐臭を放ち、乾季の乾いた細かな土ぼこりが舞い上がり、それに排ガスが混じりあった空気のせいで、ダッカの空は晴れているのかいないのかも定かで

ダッカの中心地には新しいビルが建ち、ここもまた車やリキシャでごったがえす

ないほど白濁し、重くのしかかってくる。

経済成長で金持ちになった人々は、激しい渋滞と汚染した空気を嫌って、空港の北へ移っているのだ。まるでロサンゼルスのような話である。

ダッカで高級レストランや外国人向けの店が並ぶグルシャン地区を歩いていると、ここもまたひと昔前よりさらに洗練された高級そうな店やホテルが増えた感じがした。グルシャンからボナニへ行く際、道に迷って一本裏手の道に入り込んだ。そこは別世界だった。道の両脇にはスラム同然の家が続き、家並みの向こうは池である。その池には、大量のゴミが廃棄されていた。通りをわずか一つ隔てるだけで、これほど世界が変わるものかと啞然とするばかりだった。

二〇二二年になってダッカに日本の協力によってメトロが開業した。また、新しく高架道路が建設され、あちこちにフライオーバー（立体交差）も造られ、ダッカの渋滞は部分的に緩和されてきているという話だが、それでも最近のネットの記事などを読むと、旅行者は渋滞に悩まされているようだ。

オールド・ダッカの船着場ショドル・ガット。国内各所に向かう客船が停泊し、
そのあいだを渡し船が行き交っている

まるで湖を行き来する渡し船のように見えるがグルシャンにある池。向こう岸までせいぜい200メートルほどしかないが、渡し船が頻繁に行き交っている

これもグルシャン。道を一本それるとスラム街のような家並みになり、池にはゴミが大量に廃棄されている

船舶解体所バティアリ

ダッカを離れて、バングラデシュ第二の大都市チッタゴン（現チョットグラム）へ向かう。そのチッタゴンのすぐ北に、バティアリと呼ばれる場所がある。人権団体から注目を浴びているところだ。バティアリの海岸に、廃船となった大型船舶が世界中から運ばれてきて、ここで解体されている。グーグルマップでバティアリを見てみると、およそ五キロにわたる海岸線に、無数の船舶がひしめているのがはっきりと写っている。

もちろん船舶の解体なら日本でも行なわれているが、このバティアリが注目されるのは、その原始的な解体方法による。多くの労働者が、たいした装備も持たずに、人海戦術で大型船舶にとりついて、ハンマーをふるい、バーナーで焼き切って、巨大な船を解体していくのだ。

その様子はテレビでも放送され、世界で最も危険な仕事の一つであり、低賃金で貧しい農民を使役していると非難した。人権団体はここを常に監視しており、解体会社はそのことに神経質になって、ジャーナリストが取材することをほとんど許可しないという。

僕は巨大な船を解体する現場を見てみたかった。観光地ではないので、当然のことなが

泥にはまらないように、作業員たちはロープをつたって廃船に進んでいく

ら旅行者がそんな解体現場に入ることなど許されるわけがない。とりあえずオートリキシャに乗って解体所へ向かうことにした。近くから少しぐらいはのぞき見られればいいかなぐらいの気持ちだ。それでオートリキシャをひろってドライバーに解体所に行ってくれというと、ドライバーが「何しに行くんだ？」という。

「大きな船が解体されるところを見たいんだよ。だけど中には入れないみたいだから、見られる場所を知らない？」

「ああ、それなら友だちが中で働いてるから紹介してやるよ。中に入って見られるよ」

「ほんと？　それはうれしいなあ」

半信半疑である解体所に到着し、ドライバーが守衛に何事かを告げると、われわれに「来いよ、入っていいって」という。

「え？　いいの？　ほんとに？」

信じられないぐらいあっさり中に入ることができた。ウソみたい。もちろんドライバーにはチップをはずんだ。

おそるおそる中に入り、写真を撮っていいかわからなかったが、ダメといわれたわけで

中には裸足で働いている者もいる

働いているのは老人から少年まで幅広い

はないので、ばしゃばしゃと撮影した。結局、最後まで一度も注意されなかった。

解体現場の様子を実際に見ると、確かにマスコミが批判するように、危険な仕事であることがわかる。ここで働いていた人の話を聞くと、ときどき船内に溜まっていたガスにバーナーの火が引火して爆発し、作業員が死ぬこともあるという。

バングラデシュのシャヒーン・ディル・リアズ監督による『鉄を喰らう者たち』というドキュメンタリー映画がある。バティアリの船舶解体をレポートした作品だ。これによれば、バティアリで船舶解体が始まったのは、一九六〇年、この海岸に嵐で打ち上げられた船を村人たちが解体して、その鉄を売り払ったことからだという。それから五〇年、今ではおよそ三〇の船舶解体場ができ、世界の大型廃船のおよそ四割がここで解体されている。なんと、その七割は日本の船だといわれている。

二〇世紀の終わり頃までは日本でも船舶解体は盛んに行なわれていた。第二次世界大戦後、各国で不要になった軍艦などが日本に持ち込まれ解体されていたのだ。だが、やがて解体コストの安価なバングラデシュやインドに船が多く持ち込まれるようになっていった。

バティアリの船舶解体には、およそ二〜三万人の労働者が従事する。満潮時に船を海岸に乗り上げさせて、潮が引いてから解体する「ビーチング」と呼ばれる方法だそうだが、インド・グジャラート州のアランや中国でも行なわれている（アランの解体場もグーグルで確認できる）。原始的な解体方法なので、作業員も危険なうえに、解体された船から流れ出る油や化学物質が環境を汚染しているという。

解体された部品はバティアリで売られており、道路脇にはキッチン用品、ボイラー、エンジンなどありとあらゆるものが山のように積まれている。そしてそれらはバングラデシュ各地とその周辺国にも送られているが、なかでも最も重要なものは鉄である。バングラデシュでは鋼材供給の八〇パーセントが船舶の廃材であるといわれ、ダッカなどには廃材からつくられた鉄材を扱う問屋が数多い。もちろん、こういった鉄材は、経済発展するダッカの新しいビルの鉄筋になり、機械

国道沿いの店で廃船から出たありとあらゆる部品が売っている

の部品となってバングラデシュの経済を支えているのだ。

ロケットという名のスローボート

バングラデシュ観光の花形アトラクションが、「ロケット・スティーマー」と呼ばれる外輪船の船旅だ。外輪船とは、水車状のパドルを船の両脇に付け、それをぐるぐる回して進む船だ。僕はこの船旅が大好きで、前にも乗ったことがあるが、今回の旅でもまた乗ることにした。就航当時はロケットのように早かった（のかもしれない）が、現在ではそれが冗談に聞こえるほどスローボートである。

もっともこの外輪船が製造されたのは、なんと一九二六年。一〇〇年近く前の船なので動くのさえ不思議なほどで、スピードの感覚が異なるのはしょうがない。イギリスによってカルカッタ（現コルカタ）で製造されたが、当初は名前の通り蒸気船だった。一九九五年にディーゼルエンジンに積み替えられたという。

蒸気外輪船は今でもスイスで運航しているし、外輪船はアメリカでも活用されているそうなので、こういった船自体はバングラデシュしかないというわけではない。だが、この

モロルゴンジに停泊する「マスード号」

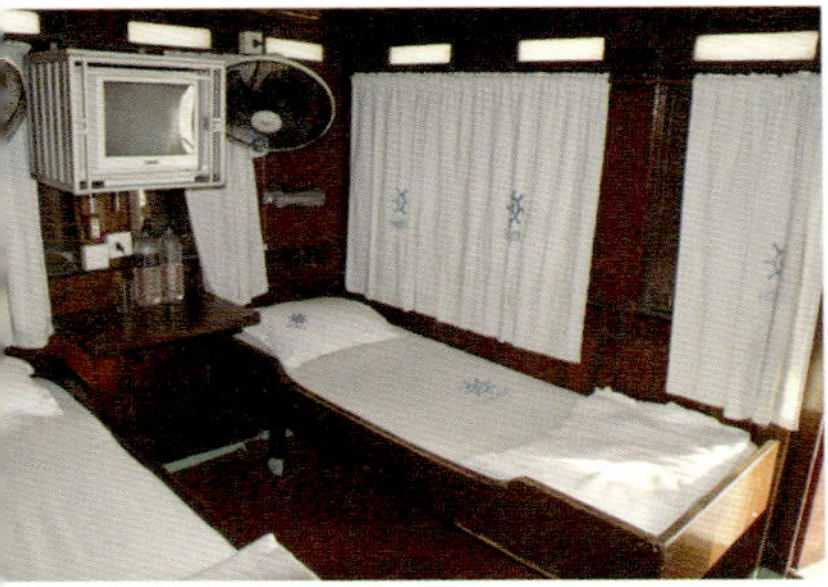

1等キャビンにはテレビが付いていた

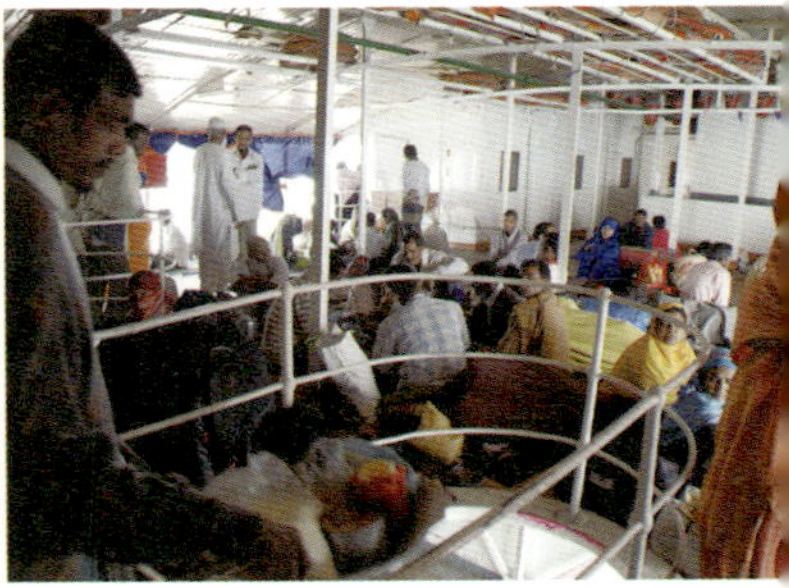

3等は甲板で雑魚寝

川で漁をする人々

船は観光船ではなく、河岸に住む人々の生活の足となって働き続けているのだ。川の国であるバングラデシュの生活風景を眺めるには絶好の交通機関であるといえる。公共の交通機関なので、うれしいことに一泊二日の船旅が一等料金でさえ一七〇〇円足らずである。

船上から川を眺めていると、バングラデシュが水運の国であることをあらためて認識する。船はあちこちの町の船着場に立ち寄るが、どの船着場でも大勢の人々が船を待っている。また川を渡るフェリーボートは、これまたあふれんばかりの人や車や物でいっぱいだ。川面には無数の小舟が浮かび、網を投げて漁をしているかと思えば、山のような干し草やココナツを積んだ舟もいる。まさ

ロケットは河岸の小さな船着場をめぐりながら進んでいく

にここでは生活が営まれているということを実感する。こういう場所では、ゆっくりと走るロケット・スティーマーのような船がぴったり似合う。

近年この船は旅行者に大人気で、ハイシーズンに一等と二等のチケットを確保するのは簡単ではない。僕は三日前に予約を入れたが、ダッカ発の便は取れず、クルナ発ダッカ行きのチケットがようやく取れた。

ロケットに乗るためだけに、わざわざダッカからクルナまでバスで行き、クルナで乗船しようとしたら、船がクルナまで来られないという（なんでだ！）。しょうがないので、クルナからタクシーで船の停泊しているモロルゴンジまで行き、ようやく乗船することができた。それで再びダッカへ帰った。それでも乗る価値がある船だと思った。

（二〇二四年現在、ロケットスティーマーは故障が多くなり、残念ながらほとんど運航できなくなったらしい）

国境へのスロートレイン

スローボートの次に乗ったのは、外輪船よりさらに遅いローカル線のスロートレインだ。スロートレインに乗りに行ったわけではなく、やむを得ず乗る羽目になったのだが。

われわれはディナジプールという町から、インドへ抜けるために国境の町ブリマリへ向かっていた。朝八時半にバスでディナジプールを出発した。バスは順調に走り、ラルモニハットとの分岐点まで来たところで、バスを降ろされて、そこでブリマリ行きのバスに乗り換えろといわれた。バスの係員が、同時に降りた男にわれわれのことを説明し、この男がブリマリに行くから教えてもらえという。よくあることなので、礼をいってその男とともに食堂に入ってブリマリ行きのバスを待った。

しかし、バスはなかなかやってこなかった。三〇分ほどたったところで、やってきた小型のバスに乗る。これでブリマリに行くのだろうと思っていたら、方向が逆で、ラルモニハットへ行くという。

なんで？　われわれはブリマリへ行きたいんだ。男はいう。

「今、ブリマリへの道に問題が起きて、ストライキで交通がストップしている。だからラルモニハットから列車で行くしかない。ラルモニハットから二時に出る。ブリマリへは二時間だ」

そういうことならしょうがない。それで、ラルモニハットの駅へ行き、ブリマリ行きの列車の発車時刻を聞くと午後二時だという。ここから八〇キロだというから、それなら問題ないだろう。

列車は二時少し前にやってきて、出発したのは二時半だった。車両は、これまでインドでも乗ったことがないようなおんぼろで、ベンチ型の座席が縦方向に三列着いている。こんなの初めて見た。しかも超満員で、絶対席なんかないだろうなと思ったが、乗り込んだときにたまたま前に座っていた老人が降りたので奇跡的に席を確保できた。

さて、それで列車は出発した。出発したが、なかなかスピードはあがらない。時速二〇キロ程度といったところか。自転車より少し速いくらいだ。まあ、そのうち徐々に速くなっていくのだろう……と思ったのが甘かった。やたらと話しかけてくるバングラ

見るからに遅そうな列車

横座り3列の車輌は初めて見た。昼間の満員状態と、乗客がほとんどいなくなった夜

デシュ人大学生に、この列車は何時にブリマリに着くのか聞くと、なんと夜八時だという。八時？　いくらなんでもそれはないだろう。八〇キロしかないのに五時間半かかったら平均時速一四・五キロだ。歩くよりは速いがママチャリレベルではないか。学生はあわてていう。

「いや、僕には正確なことはわからない。多分、そうじゃないかと思うけど、知り合いの駅長がいるから電話して聞いてみるよ」

今のバングラデシュ人は老人と子ども以外はみな携帯電話を持っているので、大学生は電話で聞いてくれた。

駅長は、七時五〇分に到着予定だといっている。

やっぱりほとんど八時じゃないか。あの男がいった二時間で着くという話は何だったのだ。六時には国境は閉じてしまうので、今日中にインドへ抜けられない。やれやれ。

その後も列車のスピードはまったく加速されず、田舎のリキシャのように、のったりとしたスピードでたんたんと国境へ向けて進んでいった。ブリマリに着いたのは午後八時を少し過ぎていた。もちろん国境ゲートはすでに暗闇の中に沈んでいた。

西ベンガルの民俗画

ようやく国境を抜けて、バングラデシュからインドの西ベンガル州へやってきた。

僕はこれまで、インドの普通の人々が描く民俗画、特に家の壁に描かれる絵に魅了され、マディア・プラデーシュ州やチャッティースガル州などを歩きまわってきた。このベンガルでもそういった民俗画や、あるいは工芸品があるのではないかと、地元の人に聞きながら探しまわっていた。しかし、地元の人は、あまりにも普通のことなのか、そういった農家の壁に描かれた絵などに興味がなく、詳しく知っている人は見つからなかった。だから、自分で探し当てなくてはならない。

タクシーでゴウルという都市遺跡を見に行ったとき、車の窓から土壁に絵が描かれている農家を発見した。すぐに車を停め、その家を訪問する。

すると、その家の内部には、すばらしいレリーフがほどこされていた。それは、あのチャッティースガル州で見たソーナーバーイさんの家にも劣らないような作品群だ。今は亡きソーナーバーイさんは国から賞を授かるような有名アーティストだったが、この家にいる人は、突然来訪して写真を撮りまくる外国人に驚いたり喜んだりする普通の人だった。

家に入ると楽しいレリーフがあふれていた

それでも家に入って写真を撮ることを親切に許してくれた。

このレリーフは全部自分で制作したのかと聞くと、そうだという。言葉がほとんど通じないので、それ以上の会話はできなかったが、レリーフはヒンドゥーの神々の他に、動物や花などが自由に描かれている。

ベンガルに限らないが、インドやバングラデシュの農家では、土壁に描く模様は、女性たちが自分のアイディアで描く。また自分たちが使う貯蔵用の大きな瓶なども彼女たちが自分で作るのだという。人の背丈ほどもある大きな瓶を作るのは、決して楽な仕事ではないし、技術も必要だ。それを、彼女たちはさも当然のこととしてこなしてしまうのである。こういう人々が暮らしているところは、必ずこのようなすてきな作品にめぐりあうことができる。生活とアートがぴったりと密着しているのだ。これもひとつの豊かさではないかと強く感じた。

偉大なアーティストは、ごく普通の主婦。彼女たちにとって家を美しく装飾することは日常的な当たり前のことなのだろう

ベンガルの先住民と工芸

ベンガルには多くのアディヴァシー（先住民）が暮らしている。話をちょっとバングラデシュに戻すが、バングラデシュの旅行代理店の人に聞いてみると、バングラデシュではラッシャヒ地域にたくさん住んでいるという。この地域にはパハリ、オラーオン、シャンタールといったアディヴァシーが住んでいるようだ。そこでラッシャヒに行ってみることにした。

ラッシャヒに来て、地元の人に聞いてまわると、シャンタールの村が近くにあるという。そこへタクシーで向かった。

シャンタール（インドではサンタルと呼ぶ）はインド亜大陸で最大の先住民グループで六〇〇万～一〇〇〇万人いるといわれている。少数民族とはいえないほど巨大な数だ。

タクシーの運転手に、泥壁の家で壁にペインティングがあるシャンタールの村に行きたいというと、運転手はあっさりとある村へ連れていってくれた。あとでわかったことだが、ラッシャヒとその周辺にはシャンタールが数多く暮らしていた。

ラッシャヒ周辺には、藁葺き、土壁の家がたくさん残っている

農家の軒先に、文様が描かれた穀物貯蔵用の瓶があった

シャンタールの家の土壁にはシンプルな文様が描かれている

ペイントのデザインは異なるが、家の内部の構造はマディア・プラデーシュ州のアディヴァシーの家と同じで、中庭を囲んで部屋が四角に並んでいる。泥のたたきはきれいにならされて、手入れが行き届いていることがよくわかる。この地域の人々はみな農民だそうで、周辺はみずみずしい田園が広がり、田植えの最中であった。

インドの西ベンガル州の中では、バンクラ県にアディヴァシーが多く住んでいるらしい。また、陶芸や真鍮細工の職人たちもここには多いと聞き、その中心都市であるバンクラへ行くことにした。

バンクラの近郊に、そういった職人たちの村はあった。まず最初に陶芸の村パンチムラへ行く。そこには「モノシャ・メド」と呼ばれる陶器製の見事な祭器があった。これは蛇の女神モノシャの祭りに用いられる祭器で、インドの陶芸の中でも最も手が込んでいるものだ。できれば買って帰りたいところだが、大きすぎて持てないのが残念だった。

この地ではこういった陶芸が古くから盛んに行なわれていた。それがテラコッタ（素焼き）に装飾された美しいヒンドゥー寺院を生み出すことになったのだ。

バンクラ近郊の村にはドグラと呼ばれる真鍮細工師も住んでいる。かつては村から村へ

テラコッタの馬を作る女性（パンチムラ）

蜜蠟で原型を作っているところ

「モノシャ・メド」(パンチムラ)

渡り歩いて、鍋や農機具を修理したりして生計を立てていた人々だが、今では定住して、真鍮細工を行っている。馬村でその様子も拝見して、真鍮製の馬などを買った。馬はマディア・プラデーシュ州にあるピトラ画にも描かれるが、神の乗り物として神聖な動物とされる。

実に小規模な手工芸で、いわゆる失蠟法による真鍮細工なのだが、真鍮を溶かす炉は、レンガを数個積んだだけで、空気を送り込む手回し扇風機が付いている。この機械と、仕上げのやすりをかける回転ブラシの二つが、ここで使用される機械製品のすべてだ。あとは地面にぺたんと座り込んで、蜜蠟で形を整えたり、ラジオなどを聴きながらのんびりやっている。この程度の設備で、魔法のように精巧な細工物が作り出されることに驚くばかりである。

ベンガルのテラコッタ寺院を見る

ベンガルのアーディヴァシー・アートの次は、数多くの美しいモスク遺跡群があることで知られる中世のゴウル遺跡だ。この遺跡はインドとバングラデシュ両国にまたがっている。インド側のゴウル遺跡と、バングラデシュ側の国境付近にあるチョット・ショナ・モスクなどとはひとつながりの建築・遺跡群だ。

ゴウルは一五世紀から一六世紀にかけてベンガル・スルターン朝（ベンガル王国）の首都だった。現在ここに残されているモスク群は主にこのベンガル・スルターン朝時代に造営されたものだ。

モスクは細かなレリーフで彩られている。ガイドの話によれば、かつてこの地を治めた王はヒンドゥー教徒で、ヒンドゥー寺院を建築したのだが、王の子がイスラームに改宗し、ヒンドゥー寺院はモスクに転用されたという。なので、モスクといいながら、外壁にはヒンドゥーの蓮華紋などが飾られており、外壁にはガネーシャ像がそのまま残っている（かなり冷遇されているが）。

ロタン・モスク（1475年）

ダキール・ダルワザ（1425年）

ロタン・モスクの部分拡大写真。彩色されたタイルが部分的に残っている

カダム・ラスール・モスク（1531年）

驚いたのは、かつてモスクの外壁のレンガが、色とりどりに彩色された陶板で覆われたものがあったことだ。陶板の破片が今も随所に残っていて、そこから想像すると、かなり派手な色彩と文様が描かれたモスクだったようだ。

いくつかのモスクをまわった後、バングラデシュとの国境へ向かう。ここにもダルワザ（門）遺跡があり、その遺跡がちょうど国境の出入り口になっている。警備兵の許可をもらってダルワザに上り、そこからバングラデシュを見る。ついこの前、あそこからこちらのインド側へ入ろうとして断られた税関が見えた。見覚えのある風景に、同じ場所であることが納得できた。

バングラ型寺院のテーマパーク

インドのベンガルの旅は続く。次に訪れたのは、バングラ型ヒンドゥー寺院が数多く建っているビシュヌプルだ。バングラ型寺院といっても、ぴんと来る方は少ないだろうが、写真を見れば一目瞭然。屋根が弓形にたわんでいるのがおわかりいただけるだろう。この独特の形がバングラ型と呼ばれるものだ。

このデザインはベンガルの農家の屋根を模倣したものといわれている。一般的に農家の屋根は藁葺きだが、ベンガルは雨が多いので、なるべく屋根を厚くし、降った雨の水切れをよくするために屋根の勾配を大きくした。それで屋根の四隅が垂れ下がるようなデザインになっている。湾曲した屋根が一つのタイプを「エク・バングラ型」、二つのタイプを「ジョル・バングラ型」と呼ぶ。現在でも、ベンガルの田舎にはバングラ型の農家が点在している。

さて、このビシュヌプルには、そのバングラ型ヒンドゥー寺院がまとまった形で数多く建立されている。これらの寺院群を建てたのが、この地の領主だったマッラ家である。信仰の厚かった領主は、精緻なテラコッタで装飾したバングラ型の、典雅で美しい寺院を数多く建て、それが今ではバングラ型寺院のテーマパークのようになっている。

西ベンガル州の農家（左）とプティアのエク・バングラ型寺院（右）

ジョル・バングラ寺院
（1655年）

ラダゴビンダ寺院からビシュヌプールの寺院群を見る

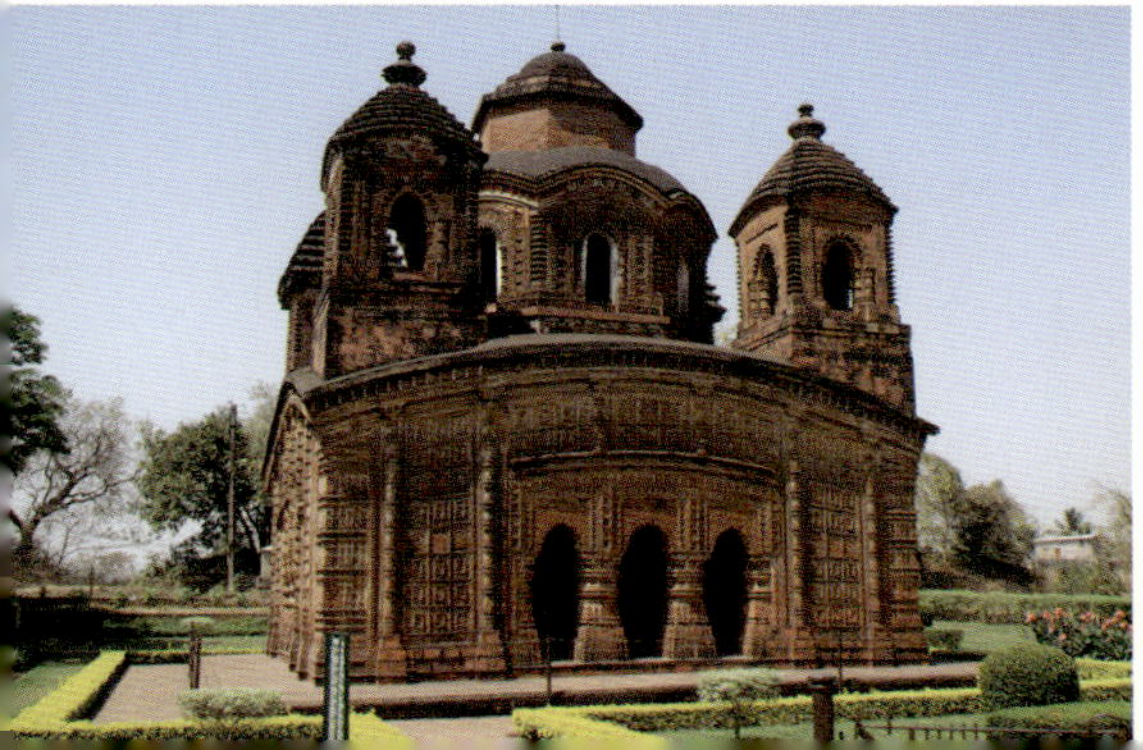

5つの尖塔を持つシャヤムライ寺院(1643年)とそのテラコッタ装飾クリシュナ神の踊り

現在残っている主な寺院は、一七～一八世紀にかけて造営されたものだ。柵で囲われた寺院の境内はよく手入れされた花で飾られ、芝生が敷き詰められている。糞尿の臭う柵の外とは別世界だ。

ビシュヌプルの他にも、ジアゴンジのチャール・バングラ寺院のテラコッタがいい状態で残っている。もちろんバングラデシュにもバングラ型ヒンドゥー寺院はあり、有名なのはプティアの寺院群とカントノゴル寺院だ。どちらも見逃せない美しい寺院である。

変わるコルカタ、変わらないカルカッタ

ベンガルの旅の終わりはコルカタである。インド西ベンガル州の州都で、ベンガル全体ではバングラデシュのダッカに次いで人口が多い。一七世紀末にイギリス東インド会社がジャングルに交易拠点を建設し、当時そこにあった村の名前からカルカッタと名付けられたというから、もともとイギリスが建設した街なのだ。

だから、イギリス人が植民地時代に建てた赤レンガのビルが数多く残っていて、それらは今でも使用され続けている。最高裁判所も、役所（ライターズ・ビルディング）も、中央郵便

局もそうだ。カルカッタからコルカタと名前が変わっても、どんどん新しくなっているという感じは受けない。

インドは経済発展しているがコルカタは若干取り残され気味だと聞く。インドの他の都市に比べてインフラ整備は遅れ、スラムのような風景が多く目に付く。今でも世界最悪の都市環境と呼ばれているようだが、それでも巨大ショッピングセンターなどもできたり、中産階級が空港のそばにニュータウンを建設したり、着々と発展を遂げているのである。空港に向かう途中のソルトレイク開発地区の中に、ＳＴＰ（ソフトウェア・テクノロジー・パーク）が建設され、そこにインドのＩＴ企業が集まって、西ベンガル州の

コルカタ中心部の古いビル

ＩＴ産業の拠点となっているそうである。コルカタの中心街にいると古い建物ばかりなので、そういうことがわかりにくい。

変化したサダル・ストリート

コルカタにやってきて、今回は、バックパッカーにお馴染みの安宿街サダル・ストリートではなく、別の場所に泊まってみることにした。ガイドブックに書いてあったＢＢＤバーグの中級ホテル、アンバサダー・ホテルにチェックインする。ダブルの料金が一一〇〇ルピー（二二〇〇円）。料金は中流だが、部屋は安宿を広くして、家具や照明に少し金がかかっている程度。もちろんエアコンは付いている。しかし、ドアも壁も汚れているし、便器や水道のぼろさなどは安宿とたいして変わらない。珍しくトイレに換気扇と扇風機が付いているが、換気扇はほこりで汚れまくっていて、確実に五年以上掃除していないと断言できる。だからといって特に不満はない。ベッドに虫がいなければとりあえずそれでいい。

地下鉄に乗ってチャンドニー・チョークからエスプラネードへ行き、サダル・ストリートからスチュワート・レーンに入る。

こざっぱりした店が増え、ゴミが落ちていないサダル・ストリート

モダンな地下鉄が開通しても、地上には昔ながらのベコベコ車体の市電が走っている

意外なことに、サダル・ストリートは劇的な変貌を遂げていた。サリー屋、旅行代理店、ホテル、レストランなどが激増し、通りがすっかり明るく華やかになっていたのだ。この一帯で、とりわけ安く宿泊できたサルベーション・アーミーは建物がすべて取り壊されて空き地になっていた。驚いていると、そこにいた男が、五年後の二〇一五年には新しいサルベーション・アーミーができる予定なのだと教えてくれた。（男のいった通り、サルベーション・アーミーは新しく生まれ変わり、中級ホテルとして営業を再開した）

それにしても、サダルがこんなに華やかな通りになろうとは。サリー屋は旅行者相手の商売ではないから、地元の人間がここに買いに来るのだろう。それまでサダルはコルカタで怪しい場所として知られており、サダルに泊まっているとコルカタ市民にいうといやな顔をされたものだ。あんなところに泊まるのは危険だし、病気になるといわれたが、それは彼らがサダルの安宿に泊まったことがないから知らないだけで、ここは特に危険な場所ではない（とはいえ八〇年代には道の真ん中にしゃがみ込んで堂々とドラッグをやっているインド人がいた）。

それほど地元の人々に嫌われていたのに、高級サリーを買えるような金持ちインド人の女性を呼び込めるような場所になりつつあるとは、実に驚くべきことである。

関西弁のインド人

バックパッカーの定番ホテル、パラゴンの玄関先には、サトシが今でもみやげ物屋台を開いている。彼はインド人だが、日本語がぺらぺらで、われわれ日本人には日本名を名乗っている。

初めて会ったとき、まだ十代の少年だった。会うたびに日本語がうまくなり、かつ急速にオヤジ化していった。前に会ったのはいつになるのか。六年ぶりぐらいか。彼は三五歳になってまた少し太った。一〇年前に結婚して子どもが二人できた。そしてなぜか日本語が関西弁になっていた。

「近頃はここいら日本語を話す奴がぎょうさん増えてるねん。そやから、普通の日本語を話すと、いんちきな奴といっしょにされてしまうさかい、関西弁に変えたんよ」

そんなに戦略的な理由があるのか。仲良く付き合った日本人が関西弁しゃべってただけなんじゃないのか。しかし、彼には関西弁がよく似合っている。悪くないと思う。

「それにしても、屋台が昔からちっとも大きくならないね。店を出すっていってたんじゃなかった？」

「この屋台で二五年やってきて、嫁さんもろて、子どもも二人できて、その子どもにも学校に行かせてる。全部この屋台で稼いだんよ。俺にはこれで十分」

「君さ、三五歳でしょ？　まだいろんなことができるんじゃないの？」

「ここで、これをやるのが好きなん。この場所で、ずっとやってきたから日本語も覚えられたし、日本人の友だちもたくさんできた。ここにいると、あなたみたいにときどき訪ねてきてくれる。いなくなったらそれもできないでしょ？　だから、あなたまた俺のこと本に書いて」

サトシは元気です。皆さんにまたお会いしたいそうです。その後、屋台から立派な店をかまえるまでになったそうだ。

老舗安宿パラゴンに泊まっている日本人の女の子に、ドミに泊まって虫が出ないか聞くと、今のところやられていないという。すると、サトシが、「いや虫が出るって他の旅行者がいっていた」という。その虫が出るかもしれないベッド一つで一二〇ルピー（二四〇円）だそうだ。だから僕はここを避けたのだが、しかし、状況は激しく変わっていた。とにかく安くなくちゃだめというバックパッカーたちは、虫が出ても頓着しないだろうが、ダブルでも四〇〇〜八〇〇ルピー（八〇〇〜一六〇〇円）あたりの新しいホテルがぞくぞくと誕生していた。もちろんベッドに虫などまったくいない。

「四〇〇ルピー払ってベッドに虫が出るホテルはないよ」とサトシはいう。

かならずしもそうはいえないのがインドだが、新しいホテルならたぶんそうだろう。こっちにくればよかったかなと少し後悔する。ま、どこでもかまわないんだが、レストランや雑貨店などの数を見ると、こちらのほうがずっと便利で快適だろう。

市内を流れるフーグリー川の渡し船に乗った。ベンガルでは、こういうさまざまな渡し船に乗ってきたが、ここでも多くの人が渡し船を利用して

パラゴンの前で屋台を出しているサトシ

いる。

フーグリー川の対岸まではほんの一〇分足らず。巨大な鉄橋ハウラー橋が見えてくる。この橋が造られたのは一九四三年で、その当時から「世界で最も往来の激しい橋」といわれたそうだ。あまりの渋滞に、第二ハウラー橋も建設されたが、こちらは有料なので、あいかわらず人々は元祖ハウラー橋を押し合いへし合いしながら渡っているのである。

二三年前、この橋を8ミリカメラで撮影しているところを警官に見つかって怒られたことを思い出す。警官は最後は笑って許してくれた。もちろんハウラー橋はその頃から変わってはない。何もかもが変化していくインドで、ハウラー橋やコルカタ中心部の古臭さだけが、旅行者の感傷を許してくれる気がする。
※コルカタのサトシは日本人の友人の力添えで二〇一九年に来日し、旅行者仲間の歓迎を受けた。現在では店舗を持って、土産物販売やガイドをやっている。

フーグリー川に架かるハウラー橋と渡し船

Mangal hi Mangal
MARS
PLYWOOD
Mangal Hi Mangal
MARS
PLYWOOD

【初出】

「南インドを食べ歩く」——書き下ろし

「天空の国ラダックへ」——書き下ろし

「ミーナー画を探して」——「旅行人」１６６号、２０１７年

「ジャールカンドの奇跡の村」——書き下ろし

「二つのベンガルを旅する」——「旅行人」１６２号、２０１０年

あとがき

収録した文章のうち、「ミーナー画を探して」と「二つのベンガルを旅する」は、僕自身が発行していた雑誌「旅行人」のために書いたものだ。そのころは旅行中に記録用のメモを取ったり、旅行日記を書いたりしていたが、雑誌を休刊にしてから、旅行に出ても記録を取らなくなった。だから、南インド、ラダック、ジャールカンドは、旅行日記のような記録はなかった。もともと文章にするつもりもない旅行だったのだが、この本を出すことになったので、写真を見て思い出しながら書き下ろした。

といっても、記憶力にはまったく自信がないので、写真以外に記録がなかったら旅行記など書けなかったかもしれない。そこで思いがけず役に立ったのは、旅先で投稿したSNSだった。毎日必ず、あそこへ行った、ここで何を食べたと書いたので、結果的にそれが記録になったのだ。SNSの投稿がこんなふうに役に立つとは思わなかった。近ごろは自分がどうやって旅行したかどんどん忘れていくので、自分の旅行記を読み返さないと思い出せないぐらいだが、まあ、忘れるものはしょうがない。南インドは旅から帰ってすぐに書いたから、かろうじてなんとか書けた気がする。

先住民のアートを追ってインドの田舎の村を旅していた僕には、ジャールカンドへの旅はひとつのクライマックスだった。何度でも訪れたい場所だったが、今年二〇二四年一月、そのジャールカンドから悲報が舞い込んだ。あのジャスティン・イマームさんが急逝したのだ。まだ四九歳の若さだった。無念というほかない。もう一度美しい絵で飾られた村をいっしょにめぐりたかった。心からご冥福をお祈りする。

ジャールカンドの先住民アートをはじめ、インド各地の先住民アートについて、僕はこれまで旅行記『わけいっても、わけいっても、インド』、写真集『インド先住民アートの村へ』(いずれも旅行人刊)を出してきたが、二〇二四年に旅行人としての出版活動を終了したので、もうそれらの本は書店には並んでいない(電子書籍版はネット書店で入手可能)。インド先住民アートに興味が湧き、紙の本をご希望の方は「旅行人ウェブサイト」ではまだ購入できるので、「旅行人」で検索していただければと思う。

さて、最後になったが、拙稿を読んで誤りを正し、適切なアドバイスをくださった方々に御礼申し上げたい。「南インドを食べ歩く」はもちろん小林真樹さんに読んでいただき、たくさんのアドバイスを受けた。「天空の国ラダック」は、ラダック専門家ともいえる山本高樹さんのご著書『ラダック旅遊大全』（雷鳴社）を参考にさせていただき、また誤記の指摘と丁寧なアドバイスを受けた。「二つのベンガルを旅する」では、バングラデシュでNGO活動する石山民子さんに最新のバングラデシュの情報をいただいた。みなさまのご協力に感謝します。この直後の二〇二四年八月五日にバングラデシュでは反政府デモの民衆が官邸を占拠し、ハシナ首相がインドに亡命するという政変が起きた。世界は常に変動している。

僕のわがままな要求をひとつひとつ解決して、本書の刊行までこぎつけてくれた編集の佐々木勇志さん、今回もありがとうございました。

それではみなさま、よい旅を。

2024年10月　蔵前仁一

蔵前仁一（くらまえ・じんいち）

1956年鹿児島県生まれ。作家・グラフィックデザイナー。慶応義塾大学卒業後、80年代初頭からアジア・アフリカを中心に世界各地を旅する。個人旅行者のための雑誌「旅行人」編集長を務め、多くの旅行作家を輩出、バックパッカーの教祖と呼ばれた。『ゴーゴー・インド』や『ゴーゴー・アフリカ』（ともに凱風社）をはじめ、『旅で眠りたい』（新潮社）、『あの日、僕は旅に出た』（幻冬舎文庫）、『よく晴れた日にイランへ』、『旅がくれたもの』（旅行人）、『テキトーだって旅に出られる！』（産業編集センター）など著書多数。

わたしの旅ブックス

056

ホーボー・インド

2024年10月16日　第1刷発行

著者――――蔵前仁一

デザイン――――マツダオフィス

DTP――――蔵前仁一

編集――――佐々木勇志（産業編集センター）

発行所――――株式会社産業編集センター
〒112-0011
東京都文京区千石4-39-17
TEL 03-5395-6133　FAX 03-5395-5320
https://www.shc.co.jp/book

印刷・製本――――株式会社シナノパブリッシングプレス

ISBN978-4-86311-420-3